KB233128

당신을 꿈꾸게 하는 47가지 이야기

365일 독자와 함께 지식을 공유하고 희망을 열어가겠습니다.
지혜와 풍요로운 삶의 지수를 높이는 아인북스가 되겠습니다.

청춘 당신을 꿈꾸게 하는 47가지 이야기

초판 1쇄 인쇄 2014년 10월 25일
초판 1쇄 발행 2014년 11월 08일

지 은 이 김태광
펴 낸 곳 아인북스
펴 낸 이 정유진
등록번호 제 2014-000010호
주   소 서울시 금천구 가산동 550-1 롯데 IT캐슬
          2동 B201호
전   화 02-857-1488, 02-926-3018
팩   스 02-867-1484, 02-926-3019
메   일 bookakdma@naver.com

ISBN 978-89-91042-50-6 13320
값 12,000원

* 잘못 만들어진 책은 바꾸어 드립니다.

궁정과 열정으로 도전하는 삶
그러므로
나는 된다

청춘

당신을 꿈꾸게 하는 47가지 이야기

김태광 지음

아이북스

나의 꿈은

이다

　지금 나는 20대에 가졌던 꿈들을 모두 실현했다. 아무 존재감 없었던 당시에 다음과 같은 꿈을 종이에 적고 시각화하는 것을 습관화했다.

1. 시 부문 문학상 수상
2. 내 이름으로 된 책 출간
3. 해외 저작권 수출
4. 성공학 동기부여가 활동
5. 교과서에 글 등재
6. 주요 TV 출연의 특강

　이와 같은 많은 꿈을 종이에 적고 한 평도 안 되는 고시원에 벽에다 덕지덕지 붙여 놓았다. 매일 같이 그 꿈들이 하나씩 이루어진 모습을 생생하게 상상했다. 그 결과 12년이 지난 지금 모든 꿈들이 실현되었다. 나는 누구보다 '꿈의 힘'과 '시각화의 힘'에 대해 강한 확신을 가지고 있다. 그래서 책과 강연을 통해 꿈의 메신저로 활동하고 있다.

그러나 아무리 확고한 꿈과 비전이 있어도 인생을 사는 일은 쉽지 않다. 곳곳에 암초 같은 시련이 도사리고 있기 때문이다. 따라서 인생을 사는 태도가 중요하다. 삼십대 중반을 넘어선 지금에서야 어떤 자세로 인생을 살아야 하는지를 비로소 깨닫고 있다. 가난하고 힘들수록 시련보다 더 큰 꿈을 가져야 한다. 그리고 어떤 어려움이 있더라도 그 꿈을 놓지 말아야 한다.

성공한 사람들이 지나온 길을 살펴보면 한 가지 사실을 알 수 있다. 어떤 시련에 처해도 절대 툴툴거리지 않았다는 것이다. 그들도 때로 태산 같은 어려움에 좌절하고 절망했고 억울한 일을 당했던 적도 있었다. 그 순간에 걷잡을 수 없는 분노가 치밀었지만 그들은 이내 분노를 삭였다. 분노한다고 해서 달라지는 것은 아무 것도 없기 때문이다. 그 대신 자신이 할 수 있는 일에 초점을 맞추었다. 그리고 상황을 개선시키기 위해 행동했다. 그 결과, 시련에 처하지 않았을 때보다 더 발전한 미래를 창조할 수 있었다.

지인 가운데 잡지사에서 기자로 활동하는 S가 있다. 그녀는 평소 요리에 관심이 많았다. 또한 그녀가 맡고 있는 분야

역시 '맛집'을 소개해 주는 것이었다. 그녀는 몇 년 전부터 자신의 이름으로 된 책을 출간하는 꿈을 가지고 있었다. 어느 날 그녀는 그동안 취재하면서 쌓은 경험과 자신의 노하우를 접목해 가정에서 저렴한 비용으로 누구나 쉽게 요리할 수 있는 실속 요리에 관한 책을 출간하면 어떨까 하는 생각이 들었다. 그리고 자신의 생각을 당장 행동에 옮겼다. 물론 그 과정에서 여러 출판사에 거절을 당하는 등 어려움이 있었지만 결국 자신의 희망대로 요리 책을 출간하였다. 그녀는 별 기대 없이 출간했지만 독자들의 반응은 예상 외로 좋았다. 그녀가 책을 출간한 지 2주 만에 재판을 찍었고, 현재는 기자라는 본업 외에 작가로도 활동하고 있다.

나는 꿈이 사람을 살린다고 생각한다. 자신이 어떤 척박한 상황에 처해 있더라도 생각만 해도 가슴이 뛰는 간절한 꿈이 있는 사람은 현재 자신이 발을 딛고 서 있는 바닥을 보지 않고 5년 후, 10년 후 미래를 바라본다. 그리고 자신이 꿈꾸는 미래를 만들기 위해 고·군·분·투 하게 된다. 그 과정에서 발군의 능력을 발휘하게 되고 현실의 꿈과의 거리가 점차 좁혀지게 된다.

지금 당신은 인생에서 가장 중요한 시기를 보내고 있다. 이 시기를 어떻게 보내느냐에 따라 미래의 명암이 갈린다. 눈부신 미래를 창조하고 싶다면 가장 먼저 간절한 꿈을 가져라. 그 꿈을 단단히 붙잡고 실현하기 위해 분투하라. 꿈은 특별한 사람들만의 전유물 같지만 결코 그렇지 않다. 꿈은 반드시 실현된다는 것을 믿고 꾸준히 노력하는 사람의 것이다.

이십대에 가졌던 명확한 꿈이 오늘의 김태광을 만들었다. 그래서 '나는 꿈꾼다, 고로 존재한다'는 말을 자신 있게 할 수 있다. 지금 당신은 어떤 꿈을 가지고 있는가? 지금 가지고 있는 꿈이 미래의 씨앗이라는 것을 기억해야 한다.

마지막으로 꿈을 쫓지 말고 꿈을 리드하길 바란다.

2011년 7월
김태광

차례

3부

익숙한 것과
영원히 결별하라

4부

홀로서
나만의 길을 가라

1부

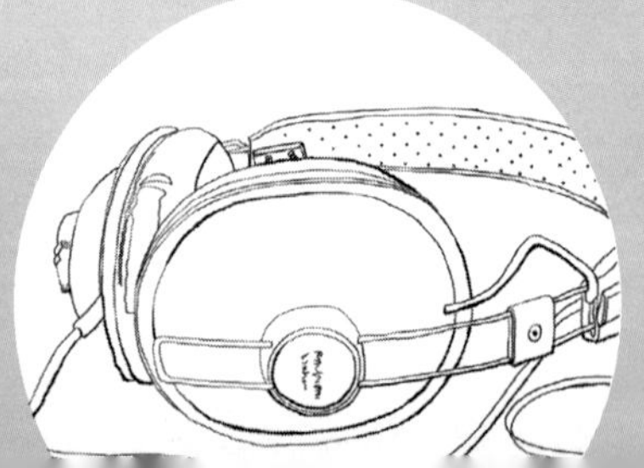

★ 나는 어디로 가고 있는가?

"삶이란 우리의 인생 앞에 어떤 일이 생기느냐에 따라 결정되는 것이 아니라, 우리가 어떤 태도를 취하느냐에 따라 결정되는 것이다." —존 호머 밀스

삶의 기적을
바라는 나

참나무는 도토리 안에 잠들어 있는 배아에서 시작해 하늘이 내려주는 햇볕과 비를 맞고 튼튼한 거목으로 성장한다. 인생의 성공도 이와 크게 다르지 않다. 성공의 배아는 곧 강렬한 열망이다. 각자가 강력한 열망을 품으면 원대한 목표에 도달하기까지 자신도 모르는 강력한 에너지가 솟아나는 것이다. 이런 에너지는 자신과 상대방 모두에게 유익한 결과를 가져다주기도 한다.

모든 사람의 마음속에는 잠재된 능력의 거인이 잠자고 있다. 이 거인은 바로 성공을 현실로 변화시킬 잠재능력이다.

여러분은 자신의 마음속에 들어 있는 이 거인을 깊은 잠에 빠져들게 놔두어선 안 된다. 당장 흔들어 깨워서 성공의 씨앗을 발아시켜야 한다. 이때 중요한 것은 성공의 씨앗을 그저 지켜보기만 해선 안 된다는 것이다. 때로 비바람이 몰아치거나 뜨거운 태양이 대지를 녹일 듯이 내리쬘 때도 있을 것이다. 또 겨울이 되면 영하의 날씨에 심한 폭설이 내릴 때도 있다. 그럴 때일수록 미래의 훌륭한 성공의 씨앗을 위해서 더 큰 노력과 열정을 쏟아야 한다.

한 남자가 병원 분만실 앞 복도에서 초조하게 서성이고 있었다. 잠시 후 분만실 문이 열리고 두 간호사가 나왔지만 그들은 서둘러 지나가 버렸다. 남자는 무언가 잘못되었다는 것을 예감했다. 다시 문이 열리고 산모를 수술한 의사가 나왔다. 의사는 그에게 들어오라는 손짓을 하였다. 그리고는 의사가 담담한 표정을 지으며 낮은 어조로 말했다.

"선생님, 미리 말씀드릴 것이 있습니다. 아들인데 귀가 없는 채로 태어났습니다. 아마 평생을 귀머거리로 지내야 할지도 모릅니다."

하지만 남자는 의외로 차분한 표정이었다.

"귀가 없이 태어났다 해도 그것 때문에 평생을 귀머거리로 지내지는 않을 겁니다."

"선생님의 심정을 충분히 이해합니다. 그러나 현실을 있는 그대로 받아들이는 편이 나을 겁니다. 의학계에 이런 사

례가 몇 번 있었지만 지금까지 한 사람도 청력을 회복한 적이
없습니다.”

아이의 남자가 말했다.

“선생님, 어떤 의미에서 저도 의사입니다. 인간이 진실로
원하고 갈구한다면 어떤 역경이라도 극복할 수 있는 강력한
치유법을 알고 있습니다 . 그 첫 단계가 무엇인지 아십니까?”

그는 강조하듯 덧붙여 말했다.

“어떤 경우라도 결코 체념하지 않는 것입니다.”

그로부터 25년이라는 긴 세월이 흘렀다. 한 의사가 손에
엑스레이 필름을 들고 흐뭇한 미소를 지으며 진료실로 들어
왔다.

“정말 기적입니다. 이 청년의 머리를 여러 각도에서 엑스
레이 촬영을 해보았지만 청력기관의 징후는 어디에서도 찾
아볼 수 없습니다. 그런데도 이 청년은 정상인의 청력 65퍼
센트를 갖고 있습니다.”

귀가 없이 태어난 아이의 아버지가 바로 성공학의 거장 나
폴레온 힐이다. 그는 10년 가까이 아들의 청력을 회복시켜주
기 위해 남모르게 많은 시간과 노력을 기울였다. 그 결과 아
들의 청력을 정상인의 65퍼센트까지 회복시킬 수 있었다.

나폴레온 힐의 아들을 보며 사람들은 그저 쉽게 ‘기적’이
라고 말했다. 그러나 면밀하게 살펴보면 단순히 기적은 아니
었다. 긍정적 사고로 무한한 가능성에 관심을 기울인 노력의

결과였다. 정신을 자신의 뜻대로 조절할 수 있으면 삶에 영향을 미치는 어떤 상황도 조절할 수 있다. 또 어떤 형태의 불안이나 두려움에서 벗어날 수도 있다.

‘무엇이 사람을 실패와 성공으로 갈라놓는가?’

나폴레온 힐은 이 질문에 대한 해답을 얻기 위해 30년의 세월을 아낌없이 바쳤다. 그리고 마침내 성공철학을 완성할 수 있었다. 오늘날 그의 성공철학은 수많은 사람들을 실패와 좌절에서 성공으로 이끌어내는 데 크게 기여하였다.

‘미래는 현재의 습관에서 비롯된다’는 말이 있다. 지금의 사소한 습관 하나하나가 미래를 암울하게 혹은 눈부시게 이끄는 것이다. 습관이 행동을 낳고 행동이 삶을 형성하기 때문이다. 주변에서 볼 수 있는 불량 식품은 먹는 순간 맛은 있지만 우리의 건강을 빼앗아간다. 그러나 싱겁고 맛은 덜하더라도 우리 몸에 좋은 채식과 전문가가 권하는 건강식을 먹으면 건강을 지킬 수 있다. 이처럼 행복한 삶이나 마음속에 품고 있는 성공을 성취하기 위해서는 생산적인 습관을 몸에 길들여야 한다. 생산적인 습관이 몸에 길들여졌을 때 당신을 도와주는 일상의 기적이 일어나는 것이다.

삶의 기적은 바로 변화로부터 시작된다. 마이너스적인 습관은 과감하게 버려야 한다. 하지만 오랫동안 몸에 익은 습관을 하루아침에 바꾸는 일은 말처럼 쉽지 않다. 그렇다고 해서 ‘귀찮다’거나 더 ‘편하다’는 이유만으로 그런 습관을 고수한다면 스스로 불행의 늪 속으로 걸어 들어가는 것과 같다. 일상의 습관이 지니고 있는 힘은 무시할 수 없다. 습관으로 인해 자신의 능력이 사장될 수도 있고 반대로 능력에 날개를 달아 줄 수도 있다.

어느 주유소 사장이 새로 온 종업원에게 물었다.

"우리 주유소 앞으로 매일 자동차가 몇 대나 지나다닐까? 그리고 언제 가장 많이 지나다닌다고 생각하나?"

종업원은 뜻밖의 질문에 몹시 당황했다.

"제 생각에는……."

"난 자네 생각을 물은 게 아니야."

사장이 청년의 말을 끊고서 말했다.

"나는 사실에 입각한 대답을 요구하는 걸세. 실제 사실에 바탕을 두지 않는다면, 그건 결코 자네의 명확한 의견이 될 수 없는 거야."

그날부터 종업원은 주유소 앞을 지나는 자동차 수를 노트에 기록하기 시작했다. 그리고 몇 대의 자동차들이 주유소로 들어와 기름이나 상품을 구입하는지를 한 달 동안 기록했다. 그뿐만이 아니었다. 청년은 자신이 만든 엽서를 운전자에게 한 장씩 나눠주었다. 그 결과 고객 수가 얼마나 늘었는지 3주간 조사했다. 그제서야 종업원은 그동안 자신이 얼마나 수동적인 자세로 일해 왔는지 깨닫게 되었다. 주유소 사장이 던진 한마디 질문은 그로 하여금 생산적인 일을 하도록 결심을 이끌어냈던 것이다.

　현재 그 청년은 자신의 주유소를 직접 경영하고 있다. 자신의 내부에 잠자고 있던 거인을 깨워 하던 일의 분야에서 성공을 이루어냈다.

　당신은 자기 자신의 운명의 주인이다. 자신의 생각을 스스로 조절할 수 있고 그 생각의 힘으로 목표를 이룰 수도 있다. 누구나 자신의 마음속에 이미 성공의 씨앗을 가지고 있다. 아직도 찾지 못했다면 이제 그 성공의 씨앗이 무엇인지 찾아서 돌보고 정성껏 키워 나가야 한다.

2장

나만의
성공 스토리
만들기

운동선수에겐 가장 기본적으로 건강한 체력이 뒷받침되어야 한다. 마찬가지로 자신이 원하는 분야에서 최고가 되길 바라는 사람에게는 반드시 성공 스토리가 있어야 한다. 성공 스토리라고 해서 아주 특별하거나 거창한 것만은 아니다. 자신이 할 수 있는 가장 작은 것에서부터 하나씩 성취해 나갈 때 성공 스토리는 시작되는 것이다.

현재 일하는 직종이 영업사원이라면 5년 후나 1년 후의 모습을 그리기보다는 이번 달 목표에 마음을 집중해야 한다.

그렇게 한 달 한 달 목표를 성취해 나가다보면 하반기와 상반기 목표 또한 달성할 수 있다. "티끌이 모여 태산을 이룬다"는 속담처럼 성공 스토리 또한 자신이 할 수 있는 제일 작은 부분에서 시작하는 것이다.

먼저 작은 성공을 이루어야 한다. 이 작은 성공에서 자신감을 찾는 것이다. 더 나아가 작은 성공은 더 큰 성공으로 연결되고 그에 맞는 자신감을 갖게 되는 것이다.

성공 스토리를 위해선 우선 확실한 비전을 가져야 한다. 비전이란, 자신이 진정으로 원하는 목표를 머릿속에서 그려 보는 것이다. 비전은 되도록 원대하게 설계할 필요가 있다.

헬렌 켈러는 "그 사람의 크기를 보려면 그 사람의 비전 크기를 보라"고 말하였다. 비전의 크기에 따라 사람의 열정이나 노력 또한 비례하기 때문이다.

자신이 계획한 비전을 이루는 데 걸리는 시간은 대체적으로 10년 정도가 적당하다. 그러기 위해선 10년간 자신의 모든 열정을 쏟아 부을 수 있는 비전을 찾아야 한다. 이것을 바탕으로 자신에게 가장 적합한 방법을 개발해 경쟁자가 없는 블루오션을 개척해야 한다.

주변의 성공한 사람은 대부분이 비전을 현실로 만든 사람들이다. 그들에게서 목표를 성취하는 데는 두 가지 방법을 찾을 수 있다.

첫째, 비전을 종이에다 적어 잘 보이는 곳에다 붙여 두는 것이다.

종이에 적힌 비전을 자주 바라보며 상상하는 습관을 들여야 한다. 하버드대의 비전에 관한 연구 결과에 따르면, 비전을 글로 적고 이미 성취한 것처럼 상상하면 실현가능성이 훨씬 높아진다고 한다.

자신의 비전을 잘 보이는 곳에 붙여 두게 되면 자주 인식하게 된다. 그러다보면 무의식적으로 비전에 맞는 습관과 행동을 하게 될 것이다. 이런 습관과 행동은 때로 마음이 우울하거나 열정이 식을 때마다 스스로 몸과 마음을 다잡게 해주는 더없이 좋은 친구 혹은 스승이 되어줄 것이다. 백만장자가 되기 위해 백만장자처럼 말하고 행동하는 것과 같다.

비전을 마음속에 각인시켜 놓으면 그 비전을 이루기 위해 마음과 귀를 활짝 열게 된다. 자연스레 비전에 유익한 정보는 모두 흡수하게 되는 것이다. 이는 스스로 목표를 달성해줄 황금열쇠를 찾는 것과 같다.

둘째, 실행력을 높이기 위해 사람들에게 비전을 수시로 말하는 것이다.

같은 말을 반복해 들려주면 스스로의 마음속에 각인된다. 계속 반복하다 보면 자연스레 신념으로 바뀌게 된다. 어떤 일에 대한 확고한 믿음이 생기면 불가능도 가능으로 변화시키는 놀라운 기적을 낳는다.

마음속에 확실한 비전을 심었다면 이제는 성공을 이루기

위해 목표와 계획을 세워 실천해야 한다. 특히 '성공 노래 부르기'를 권하고 싶다. 성공의 노래 부르기란, 유행 가사를 부르듯 하는 것은 아니다. 항상 마음속에 '나는 성공할 수 있다'라는 생각을 가지고 자신감 넘치는 행동을 하는 것이다. 자신감을 바탕으로 자신의 몸값을 올릴 수 있는 일에 마음을 집중해야 한다. 이런 성공 노래 부르기가 당신의 몸값 상승을 보다 높게 견인할 것이다.

『CEO처럼 행동하라』의 저자 데브라 벤튼은 최고로 성공한 CEO들을 연구했다. 그녀는 책 속에서 숨은 성공 비결은 '누가 무엇을 해달라고 요청하면 그것의 10배를 더 해주는데 있다'고 밝혔다.

내가 아는 텔레마케터로 일하는 한 주부는 결혼을 하고 난 후 자신의 일을 가지려고 시작한 것이 텔레마케터였다.

"처음 1년 동안은 너무나 힘들었습니다. 아무리 열심히 전화를 해도 성과는 없고 옆에 동료들이 퇴직하는 것을 볼 때마다 함께 많이 흔들렸으니까요."

그녀는 힘들어도 3년 동안 꾹 참고 버텼다. 그러다 보니 점점 관리하는 고객이 늘어났다. 그러던 중에 다른 회사에 다니던 친구로부터 이직을 권유받고 면접을 보게 되었다.

그 당시 면접관은 그녀에게 이렇게 질문했다.

"지금까지 가장 실적이 좋았던 때가 언제였습니까?"

그녀는 면접을 보고 나서 경력관리가 중요하다는 것을 뼈저리게 느꼈다고 한다.

대부분 직장인들은 너무 겸손해서 자신의 '성공 스토리'를 만들고 PR하는 것을 부끄럽게만 생각한다. 하지만 이는 크게 잘못된 생각이다. 경력이 많을수록 가장 확실히 자신의 가치를 보여주는 방법은 자신의 성공 스토리를 주위의 여러 사람에게 홍보하는 것이다.

평상시에 자신의 실적이나 성공 사례에 대해 많은 사람들과 대화를 나누는 것이 중요하다. 왜냐하면 이러한 과정을 통해 자신이 생각하는 것이 실제 시장가치를 지닌 성공 사례인지 검증받을 수 있기 때문이다.

고도로 전문화되고 첨단화된 사회에서 '성공'이라는 진주를 캐내기 위해서는 남다른 노력이 뒷받침되어야 한다. 우선 자신에 대한 객관적인 분석이 무엇보다 필요하다. 현재의 자신을 객관적으로 평가 분석한 후에야 명확한 비전을 설계할 수 있다. 또한 그 비전에 맞는 올바른 실천 계획을 수립해야 한다. 명확한 비전과 실천 계획을 세우고 꼭 이루고자 하는 열정이 더해진다면 결국 성공은 자신에게 찾아올 것이다.

3장

시련을
극복하는 힘

지식과 학식이 높은 우리나라 대부분의 사람들은 기본적으로 아는 것이 많아야 성공할 수 있다고 생각한다. 그러나 무조건 지식이 많다고 성공하는 것은 아니다. 자신이 지니고 있는 지식을 어떻게 활용하느냐가 더욱 중요하다. 예나 지금이나 성공을 이룰 수 있는 기초 요소는 지식이 아니라 명확한 목표와 꿈, 열정, 이 세 가지이다. 다만 지식은 성공으로 가는데 보조 역할의 도움을 줄 뿐이다.

성공학의 거장 나폴레온 힐은 14년간 16,000명 이상의 사람들을 조사, 분석했다. 그 과정에서 매우 흥미로운 사실을 발견했다. 그가 분석한 대상 16,000명 중 95퍼센트가 실패자였고, 단지 5퍼센트만이 성공한 사람이었다.

가장 놀라운 사실은 실패자로 분류된 95퍼센트가 명확한 인생 목표가 없었다는 것이다. 성공한 5퍼센트만이 명확한 목표를 세웠을 뿐만 아니라 자신의 목표를 이루기 위한 세밀한 계획까지 가지고 있었다.

이 분석에서 우리가 눈여겨보아야 할 것이 있다. 실패한 사람들은 자신이 좋아하지 않는 일을 하고 있었지만, 성공한 사람들은 진정으로 자신이 좋아하는 일을 했다는 점이다.

취미를 제2의 직업으로 삼은 임요환의 프로게이머 매니저였던 김양중 씨는 중소기업에서 근무했지만 일이 적성에 맞지 않았다. 그래서 퇴근 후 심심풀이로 PC방에 들르곤 했다.

어느 날 그는 PC방에서 새 직업을 찾아야겠다고 결심했다. 김씨는 1998년 유행했던 온라인 게임 '스타크래프트'에 빠져 시간이 날 때면 PC방으로 달려갔다. 그곳에서 현재 매니저를 맡고 있는 프로게이머 임요환을 만나게 되었다.

처음에는 그저 게임을 잘하는 고등학생 정도로 여기고 친하게 지냈다. 하지만 어느 순간 그가 대회에 나가서도 우승할 수 있다는 생각에 임요환의 매니저가 되기로 결심했다.

"처음엔 임요환 선수에게 밥을 사주면서 게임하는 법을 배웠어요. 그냥 따뜻한 형 노릇을 한 거죠. 그런데 1998년 SBS에서 멀티게임챔피언십을 개최한다는 소식을 듣고, 출전해

보자고 임 선수에게 제의했어요. 물론 처음엔 임 선수는 거절했죠. 하지만 제가 PC방에서 머물지 말고 좀 더 넓은 세상으로 가보자며 설득을 했어요. 임 선수는 대회에서 영예의 1위를 했고, 프로게이머가 되는 발판을 마련했지요. 저도 직장을 그만두고 임 선수의 매니저로 나서게 되었습니다. 아직도 인터넷 게임대회의 시장이 활성화되지 않아 월급은 그리 많지 않지만 앞으로는 많이 달라질 겁니다. 무엇보다 중요한 건 이 일이 너무나 즐겁고 행복하다는 것입니다.”

지금 이 시대는 진정한 프로들만 살아남는 무한 경쟁의 세계이다. 해보지도 않고 고민하고 좌절하기보다 열정적으로 자신이 좋아하는 일에 도전해 보라. 열정은 어떠한 시련도 거뜬히 이겨낼 수 있는 강력한 에너지를 지니고 있다.

누구나 남보다 월등하게 잘할 수 있는 일이 한 가지씩은 있다. 다만 그 일을 찾지 못해서 방황하는 경우가 많다. 그 일이 무엇인지 찾아서 ‘할 수 있다’는 강한 믿음을 가지고 전력투구할 때 성공이라는 정상에 오를 수 있는 기회가 주어진다.

주위에 음식 솜씨가 일류 요리사를 뺨치는 친구가 한 명 있다. 그 친구는 한식, 양식 등 웬만한 요리는 다 소화해낼 수 있다. 한 달에도 몇 번씩 주말에 친구를 자신의 집으로 초대해 자신이 새로 개발한 요리 솜씨를 선보이기도 하였다. 하지만 그가 처음부터 요리에 일가견이 있던 것은 아니었다. 그는 학창 시절부터 결혼 전까지 오랫동안 자취 생활을 했지만 줄곧 라면과 같은 인스턴트식품만 먹고 자랐다.

그런데 몸이 좋지 않아 병원에서 종합 검사를 받게 되었고 영양실조에 걸린 사실을 뒤늦게 알게 되었다. 그때 건강을 챙겨야겠다는 결심을 하게 되었고 요리에 관한 책을 구입해 탐독하기 시작했다. 집에서 손수 다양한 요리를 해가면서 실력을 쌓았던 것이다. 그는 '아빠 요리사'로 소문이 자자하며 지금은 음식점을 차리기 위해 전문 요리 학원을 다니며 바쁘게 시간을 보내고 했다.

그는 항상 웃는 얼굴을 하고 있다. 그래서 그를 만나 대화를 하다보면, 나도 모르게 따라서 미소 짓고 있는 자신을 발견하게 된다. 이는 그를 만나본 다른 사람들도 마찬가지일 것이다. 그에게는 다른 사람에게 없는 강한 열정과 에너지가 솟아난다. 때문에 다른 사람들까지 열정을 느끼고 행복해지는 것이다.

항상 뭔가 흥얼거리며 분주하게 손을 놀리며 요리하는 그의 뒷모습을 보고 있노라면 이 세상 누구보다 행복해 보인다. 그와 같이 세상에 자신이 좋아하는 일을 하는 사람보다 더 행복한 사람은 없다.

한 번 주어진 인생은 생각보다 짧다. 원하지 않는 일을 하며 살기에는 너무나 짧은 인생이다. 따라서 마지못해 하는 일보다 비록 시련은 따르겠지만 진정 자신이 좋아하는 일을 할 때 훨씬 행복감을 느끼게 된다.

그러나 자신이 좋아하는 일을 하더라도 때로 시련에 처하게 된다. 이때 사람은 두 부류로 나뉘게 되는데 어떤 시련에도 굴하지 않고 사람과 쉽게 다른 길을 택하는 사람이다. 그런데 중요한 것은 이 갈림길에서 인생의 성패가 좌우된다는 것이다.

성공자는 자신의 목표를 향해 나아가는 과정 속에 숱한 시련이 도사리고 있다는 것을 잘 알고 있다. 그래서 예상치 못한 시련이 닥쳐도 좌절하거나 절망하지 않는다. 그것을 극복하기 위해 노력할 뿐이다. 대표적인 예로 마치 혹독한 시련을 극복하고 성공의 꽃을 피운 이채욱 인천국제공항공사 사장도 오직 한 길만을 보고 달려온 사람이다.

지금의 이채욱 인천국제공항공사 사장을 만든 것은 시련 덕분이다. 그는 종합상사가 잘 나가던 1980년을 전후한 시절, 수입 관련 업무를 맡게 되었다. 30대 초반에 맡은 일은 미국에서 고철을 수입해 국내 업체에 파는 것이었다. 한번은 고철을 사러 미국의 워싱턴주에 있는 터코마라는 지역으로 출장을 갔다가 깜짝 놀라고 말았다. 항공모함처럼 거대한 배를 작업장 인부들이 여기저기서 해체하는 광경을 보게 되었다. 그 순간 번뜩이는 아이디어가 떠올랐다. 고철을 조금씩 사오기보다 아예 배를 통째로 사오면 이윤이 훨씬 많겠다는 생각이었다. 출장을 다녀온 그는 즉시 기획안을 올렸다. 곧 그의 제안이 받아들여졌고, 회사는 부산의 감천만에 고철 해체장을 마련했다.

그는 큰 배를 통째로 사다가 잘게 해체하여 고철을 팔았다. 이로 인하여 사업을 시작한 두 해 동안의 이익은 예전과는 비교도 할 수 없을 만큼 늘어났다. 그는 계획했던 일이 제대로 진행되자 자신감이 생겨 한두 척씩 사오던 배를 한꺼번에 네 척이나 사들였다.

그러나 얼마 후 이런 기대감에 찬물을 끼얹는 소식이 전해졌다. 태풍 어빙호 때문에 해일이 일어 배들이 전부 가라앉았다는 것이었다. 회사에 막대한 손실을 끼치게 되자 자신이 모든 책임을 지고 사표를 내기로 마음먹었다. 하지만 엉망이 된 현장을 그냥 내버려두고 가선 안 된다는 생각에 모든 상황을 정리한 다음 사표를 내기로 결심했다.

그리고 다시 감천만으로 향했다. 그에게 남은 마지막 일은 가라앉은 배를 50톤 단위로 해체해 인양하는 것이었다. 잠수부들과 함께 여름 땡볕에서 작업을 하면서, 밤이면 소주를 들이키며 괴로움을 달래야 했다.

1년 후 인양 작업이 마치고 착잡한 심정으로 보고를 마쳤다. 그리고는 1년 동안 책상 서랍에 넣어둔 사표를 부장에게 제출했다. 그런데 열흘쯤 지났을 때 인사부장에게 뜻밖의 전화가 걸려왔다. 두바이 지사장으로 발령이 났으니 가서 좀 쉬고 오라는 것이었다. 그를 두바이 지사장으로 발령을 낸 데는 눈물 나는 노력과 회사에 큰 손실을 안겨준 실패의 교훈을 통해 더 큰 성공을 일궈내라는 당시 이건희 부회장의 각별한 배려 덕분이었다.

훗날 그는 삼성 GE의료기기 회사의 사장이 되었고, GE코리아 사장과 회장을 거쳐 현재는 인천국제공항공사 사장으로의 역할에 최선을 다하고 있다.

어떤 일을 하거나 항상 시련과 역경은 있게 마련이다. 하지만 시련과 역경에 함몰되지 않고 그것을 능히 뚫고 계획대로 나아갈 때 조금씩 새로운 성공의 문이 열리게 된다.

『네 안에 잠든 거인을 깨워라』의 저자 앤서니 로빈스는 이렇게 말했다.

"성공의 비결은 고통이나 즐거움이 당신을 이용하게 하지 않고 자신이 고통이나 즐거움을 이용하는 법을 배우는 것이다. 만약 그렇게 하면 당신은 삶을 통제하게 되고, 그렇게 하지 못하면 삶이 당신을 통제하게 된다."

그렇다. 인생의 주인은 바로 당신이다. 어떤 어려움에 처하더라도 인생의 주인답게 사고하고 행동해야 한다. 당신이 시련과 역경에 굴복하지 않는 이상, 인생의 고삐는 당신이 쥐고 있음을 잊어서는 안 된다.

4장

진정으로 좋아하는 일을 선택하라

사람은 자신이 가장 잘할 수 있는 분야의 일을 해야 한다. 자신이 좋아하지 않는 분야의 일을 하게 되면 능률도 없거니와 그저 '주어진 시간 때우기 식'으로 어떤 발전도 기대할 수 없을 것이다.

여기서 '꿈'과 '열정', '자신이 원하는 일을 하라'는 말을 자주 언급할 것이다. 지금껏 성공한 사람들의 삶은 하나같이 좋아하는 일을 했음을 알 수 있기 때문이다.

현재 일간지 광고 영업 분야에서 두각을 나타내고 있는 한 사람은 이렇게 말한다.

"일이 너무 재미있어서 하루의 시간이 어떻게 가는 줄 모르겠어요. 꿈속에서도 광고 영업하러 다니곤 합니다."

자신이 하고 싶은 일은 전공과 전혀 무관하지 않을 것이다. 전공은 좋아해서 선택했던 분야이기 때문이다.

"평생 사업을 하려면 전문 분야와 전공을 살려라"라는 말이 직장인 사이에 떠돌고 있다. 주위를 둘러보면 투잡 tow job 쓰리잡 three job을 하는 사람들이 꽤 많다. 낮에는 넥타이를 매고 회사에서 일하고, 밤에는 전공을 살려 자신의 커피전문점이나 과외, 영업 등으로 수입을 늘리려는 사람들의 모습. 이런 모습은 서울과 전국 지역에서 흔하게 볼 수 있는 또 다른 직장인의 노후를 대비한 생존 방식으로 자리 잡아가고 있다.

요즘은 자신의 전문성과 적성을 잘 살릴 수 있는 아이템을 골라 창업하는 직장인도 많다. 이른바 '커리어 창업'이다. 무작정 돈을 쫓기보다는 좋아하는 취미나 일을 하며 돈도 벌 수 있을 뿐 아니라 전문성을 살릴 수 있는 장점이 있다.

이렇게 전공을 살려 원하는 일을 하면 스스로의 자부심과 만족도도 높아서 일에 대한 부담감이나 위험의 리스크를 줄일 수 있다. 따라서 성공할 확률도 높아지는 것이다.

몇 가지 주요 성공 사례를 들어보겠다.

서울 역삼동에 '트리카 모발관리센터'를 오픈한 김은정 사장은 많은 경험을 살린 대표적인 경우이다. 헤어디자이너

10년 경력의 그녀는 '이 분야의 일이라면 누구보다 자신이 있다'는 생각이 들어 창업을 결심했다. 그녀가 하고 있는 모발관리센터는 지금은 먼 곳에서 소문을 듣고 고객이 찾아올 정도로 매우 유명해졌다.

서울 대치동에 '해초의 꿈'이라는 해초요리 전문점을 차린 장현구 대표는 전 세계를 돌면서 다양한 문화를 체험해보고 싶어 첫 직장으로 여행사에 입사했다. 해외 리조트 담당으로 현지에서 관광객들의 숙식을 책임지면서 수많은 외국 음식을 맛보았다. 직장 생활이 5년쯤 되었을 때 자신이 직접 음식점을 하고 싶다는 생각을 품었다. 많은 생각 끝에 퇴직을 하고 '해초의 꿈'이라는 외식업에 뛰어들게 된 것이다.

이렇듯 자신이 원하는 분야에서 전공을 살리는 것이 무엇보다 중요하다. 이는 마음이 끌리지 않는 일을 할 때보다 실패할 확률이 현저히 줄어들고 연구와 많은 노력을 기울여 성공할 확률은 높아지는 것이다.

성공하기 위해서는 자신의 일을 좋아하거나, 좋아하는 일을 직업으로 삼는 것이 중요함을 명심해야 한다. 그래야만 하고 있는 일과 한 몸이 될 수 있다. 만일 일과 호흡이 맞지 않는다면 결코 성공할 수 없다. 좋아하는 일을 하는 사람이 성공하는 다섯 가지 요소를 살펴 보면, 첫째 열정이 넘친다.

좋아하는 일은 마음이 두근거리고 열정이 넘친다. 아무리 오랜 시간 일해도 육체의 피로감이나 쉽게 지치지 않는다.

그리고 일에 대한 집중력이 높아져 능률이 오르게 된다. 따라서 자연히 일에 대한 장기적인 발전을 꾀할 수 있다.

둘째, 천부적인 재능을 발휘할 수 있다.

일을 통하여 평소 자신이 알지 못했던 잠재된 재능을 발휘할 수 있다. 그 재능은 시간이 지나면서 저절로 몇 배, 수십 배로 향상될 수 있다. 또한 재능이 아이디어와 합쳐져 누구도 상상하지 못했던 능력을 발휘하는 기회도 얻게 된다.

셋째, 행복과 마음의 평안을 느낀다.

좋아하는 일을 하는 사람은 행복한 표정을 지으며 언제나 활력이 넘치고 여유가 있다. 또한 그들은 모두 한 목소리로 "일이 즐겁다"고 말한다. 일이 노동으로 느껴지지 않고 즐거운 놀이로 여겨진다면 행복해지는 건 당연하다. 이런 사람은 지나간 과거에 얽매여 현재를 허비하지 않는다. 뿐만 아니라 아직 일어나지 않은 걱정들을 앞세워 미래를 불안해하지 않는다.

넷째, 주변 사람들로부터 많은 지지를 받는다.

좋아하는 사람들 곁에 사람들이 모여들게 마련이다. 사람은 누구나 항상 행복한 모습으로 즐겁게 사는 사람을 좋아한다. 무엇보다 즐겁게 일하는 모습은 많은 사람들에게 큰 매력으로 다가온다. 그런 사람과 함께 있으면 자신도 덩달아 행복해지기 때문이다. 좋아하는 일에 몰두하는 사람을 보면 언제나 자신감이 넘친다. 대부분의 사람들은 기회가 된다면 이런 사람을 도와주고 싶어 한다.

다섯째, 돈이 일정한 때가 되면 모여든다.

좋아하는 일을 통하여 저절로 재물이 들어온다. 좋아하는 일인 만큼 그 누구보다 꼼꼼하고 완벽하게 해낸다. 일을 대하는 이런 모습은 사람들에게 신뢰감을 주고 이 신뢰감은 사람들을 스스로 찾아오게끔 하는 역할을 한다.

한 나이 많은 유능한 목수가 은퇴할 때가 되었다.

어느 날, 그는 사장에게 지금부터는 일을 그만 두고 자신의 가족과 남은 여생을 보내고 싶다고 말했다. 그러자 사장은 그에게 마지막 부탁을 했다.

"그동안 고생이 많았습니다. 마지막으로 집 한 채만 더 지어주십시오. 부탁드립니다."

"물론입니다."

대답을 그렇게 했지만 그의 마음은 이미 집을 짓는 건축 일에서 멀어져 있었다.

따라서 그는 기술이 부족한 일꾼들을 급히 모으고 저렴한 원자재를 사용하여 단기간에 집을 지었다. 집이 완성 되었을 때 직접 사장이 집을 보러 왔다.

그러나 그는 집을 보는 대신 목수에게 현관 열쇠를 쥐어주며 이렇게 말했다.

"이 집은 당신의 집입니다. 오랫동안 당신이 저를 위해 일해 준은퇴를 기념하는 작은 보답입니다."

순간 목수는 자신의 귀를 의심했다. 그리고는 커다란 충격에 빠졌다. 사장이 자신에게 퇴직 기념으로 집을 선물해 줄 것이라곤 생각도 하지 못했기 때문이다.

자신이 지은 집을 보는 내내 그는 반성의 한숨이 나왔다.

'이럴 줄 알았으면 가장 고급 원자재를 써서 지을 걸.'

뒤늦게 목수는 자신의 행동을 후회했지만 이미 엎어진 물이었다. 그는 자신의 집을 짓는다는 사실을 알았더라면 아마도 최선을 다해 최고의 집을 지었을 것이다.

자신이 진정으로 좋아하지 않는 사람은 위의 일화에 나오는 목수와 같다. 대부분은 자신에게 이익이 생길 때 일을 제대로 하게 된다. 때로는 진심을 담지 않은 채 대충 하게 된다. 최선을 다하지 않은 결과는 늘 무언가 2퍼센트 부족함을 느낀다. 때문에 회사에서 상사나 동료들로부터 일을 하고서도 인정은커녕 비난과 질타만 쏟아지게 된다.

일본에서만 120만 부가 팔린『행복한 부자』시리즈의 저자 혼다 겐은 몇 해 전에 서울 그랜드힐튼호텔에서 독자 200여 명을 대상으로 '행복한 부자가 되는 법'에 대해 강의를 했다. 이날 사람들에게 "부자가 되려면 자신이 좋아하는 일을 하라"고 조언했다. 자신이 좋아하는 일을 하는 것이 성공에 이르는 비결이다. 그는 또 "대부분의 사람은 자신이 무엇을 좋아하는지를 잘 모르고 종종 잘하는 일과 좋아하는 일을 혼동 한다"고 말했다.

지금 하고 있는 일에 집중하지 못하거나 자꾸만 딴 곳을 기웃거리는 사람들은 혼다 겐의 이 말을 깊이 곰곰이 생각해볼 필요가 있다. 자신의 전공도 살리고 좋아하는 일을 찾는 것이야말로 어쩌면 인생에서 이보다 더 중요한 일도 없을 것이다.

5장

취미와
직업의 관계

　　누구나 최소한 한두 개의 취미 생활을 하지 않는 사람은 거의 없다. 취미라고 해서 꼭 거창한 것을 의미하는 것은 아니다. 산을 좋아하는 사람은 등산을, 사진 찍기를 좋아하는 사람은 산과 들로 여행을 다니기를 좋아할 것이다. 또 인터넷 동호회 같은 모임에서 활동하는 것을 취미로 생각하는 사람도 있을 것이다.

　　요즘은 자신이 좋아서 하는 취미 생활을 직업으로 전환시킨 사람들도 늘어나고 있다. 어떤 이는 이렇게 반문할 수도 있다.

"요즘처럼 취업이 어려운 세상에 어떻게 취미 생활을 직업으로 바꿀 수 있나요?"

그러나 전혀 그렇지 않다. 최근에 자신의 취미를 직업으로 연결시켜 일하면서 오히려 즐거움을 찾은 행복한 직장인을 쉽게 찾아볼 수 있다.

내가 만난 사람 중에는 인터넷상에서 S사의 전자 제품 인터넷 동호회의 열성 회원으로 활동하다 지난해 입사한 사람이 있다. 그는 다른 기업의 제품에 비해 저렴한 가격과 편리한 A/S 장점 때문에 S사의 제품을 구입했다. 그 후 사용자 동호회 모임에 가입했고 '하늘호수'라는 ID로 활동을 시작했다.

문답 게시판에는 하루도 거르지 않고 정성껏 답글을 달았다. 또한 오프라인 정기 모임에도 꾸준하게 참석했다. 그런 연유로 그는 S사의 직원들과 친분을 쌓게 되었다. 그러던 중 무직 상태에 있던 그에게 S사 인사부에서 "면접을 보지 않겠냐?"고 연락이 왔다.

입사 후 그는 나에게 이렇게 소감을 말했다.

"전자 제품에 푹 빠져 있던 게 이렇게 취업으로까지 연결될 줄 전혀 몰랐어요."

현재 그는 고객 게시판 관리, 고객 교육 등 고객을 지원하는 부서에서 근무하고 있다.

또 한 사람, 최정현 씨는 대학에서 화학을 전공하였다. 하지만 그는 평소에 전공과는 무관한 분야인 플래시를 만들어

홈페이지를 꾸미는 일을 좋아했다. 이 일을 좋아하다 보니 플래시를 만드는 능력도 전문가 못지않았다. 그래서 친구들의 홈페이지는 자신이 거의 도맡아 꾸며주곤 했다.

최 씨는 독학으로 플래시와 홈페이지 제작 등을 공부하기 시작했다. 그러다 보니 회원을 모아놓고 홈페이지 제작 강좌까지 할 정도로 실력을 인정받았다. 그러던 중 어느 포털 사이트에 취업 제의를 받아 '액션 스크립터'라는 직업으로 일하고 있다. 그가 하는 일은 쌍방향 플래시 배너 광고의 스크립트를 만드는 일이다.

지금 우리는 각 분야에서 뛰어나게 하나만 잘해도 인정받는 시대에 살고 있다. 아직까지 자신이 원하는 일을 찾지 못한 사람이 있다면 취미 생활의 노하우와 전문적인 지식과 경험을 직업으로 연결하거나 전환시킬 수 있는지 검토해 보라. 그동안 느껴보지 못했던 일에 대한 열정과 즐거움을 느낄 수 있을 것이다.

또 다른 예로 선배 중에 스포츠 용품 전문 업체에서 마케팅 업무를 맡고 있는 사람이 있다. 어릴 적부터 운동을 좋아한 선배는 대학에서 체육교육학을 전공했다. 그는 주위 사람들에게 만능 스포츠맨으로 통했다.

스키, 스노보드, 테니스, 수영, 배구, 골프 등 못하는 스포츠가 없었다. 또한 새로운 스포츠가 유행하면 바로 배워야 하는 남다른 열정도 지녔다. 현재의 직업도 스포츠 트렌드와 신상품을 가장 먼저 접하고 직접 사용할 수 있다는 매력에 이끌려 선택했을 정도였다. 그 선배는 가장 마음에 드는 부분은 운동복이나 가벼운 스포츠 패션 차림으로 출근할 수 있다는 것이라고 말했다.

그는 웃으며 이렇게 말했다.

"내가 가장 좋아하는 스포츠가 단순히 즐기는 것 자체로 끝나는 것이 아니라 업무와 연장선이 될 수 있다는 것에 정말 행복합니다."

외국의 예를 들면, 1985년 잔디 깎기로 사업을 시작해 25년이 지나 현재는 세계적인 규모의 프랜차이즈를 거느린 사업가로 성공한 짐 펜맨은 현재 호주와 영국, 캐나다 등에 3,000여 개의 체인점을 소유하고 있다.

과거 그가 사업에 첫발을 내디뎠을 때 주위 사람들은 하나같이 승산이 없다며 만류했다.

"잔디 깎기가 무슨 사업이야? 당장 그만둬."

"잔디 깎아서 얼마나 번다고, 넌 창피하지도 않니?"

그러나 그는 주위 사람들의 부정적인 말에도 아랑곳하지 않았다. 1997년에는 강아지 목욕 사업을 새롭게 시작했다. 호주는 전체 가구의 40퍼센트 가량이 강아지를 기르고 있다. 애완동물에 지출하는 비용 규모도 1년에 약 3조원에 이른다. 그래서 그는 남들이 하지 않는 강아지 목욕에 뛰어든다면 분명 성공할 수 있다고 확신했다.

그는 처음의 사업부터 바쁜 사람들을 대신해 가정이나 직장으로 찾아가 애견 목욕과 미용 서비스를 제공했다. 시간이 지나면서 이 사업 역시 크게 성공으로 이어졌다. 그는 경험과 미래를 내다보는 전문 경영의 식견으로 여기서 그치지 않고 수영장 청소와 울타리 보수, 페인트 칠, 창문 수리, 정원 손질 등 다양한 분야에 걸쳐 가정과 회사의 환경미화, 청소서비스 사업을 확장했다. 결국 자신이 좋아하는 일을 추구하고 노력한 결과, 성공을 이루어 낼 수 있었다.

짐 펜맨은 자신의 성공 비결을 이렇게 말했다.

"어릴 적부터 집안일 하는 것을 좋아했습니다. 집안일은 결코 허드렛일이 아닙니다. 창의성을 발휘할 곳이 많기 때문이죠. 잔디 깎기는 내가 가장 좋아하고 자신 있는 분야였어요. 그런데 사업을 하면서 많은 집을 방문하다보니 눈에 들어오는 게 많더군요. 강아지 목욕 사업도 그렇게 해서 시작하게 된 겁니다."

사람은 누구나 가장 좋아하는 분야의 취미를 가지고 있다. 때문에 취미가 직업이 된다면 어떤 일보다 자신의 능력을 십분 발휘할 수 있다. 무엇보다 취미를 바탕으로 하여 직업으로 가졌을 때 그 분야에서 최고가 될 수 있는 기회는 더 많이 주어질 것이다.

6장

행복한
삶의 원칙

사람들은 모두들 간절히 인생의 행복을 원하고 추구한다. 하지만 대부분의 사람들은 행복은 마음속에 있다는 것을 알지 못한다. 그래서 막연하게 명문대학을 졸업하고 남들이 인정하는 회사에서 일하면 행복해질 거라는 기대감으로 막연하게 믿는 것이다.

그런데 이상하게도 남들보다 사회적으로 앞서 나가는 사람들의 모습은 그리 행복해 보이지 않는다. 오히려 그들의 얼굴은 경직되어 있고 무언가에 늘 쫓기는 듯하다. 이것은 돈이나 명예, 권력을 가질 때 비로소 행복해진다고 믿는 사람들의 공통점이다. 그렇다 보니 언제부턴가 함께 입사한 동료가 경쟁자로 느껴지고, 치고 올라오는 신입 부하 직원 때문에 마음은 항상 초조하고 불안하다. 또한 상사를 앞지르려는 조급한 마음 때문에 인생에서 가장 소중한 것을 차츰 잃을 수도 있다. 그것은 바로 가족과 친구, 일상에서 즐기는 여유로움이다. 무엇보다 일에 파묻혀 살기 때문에 육체적, 정신적인 건강이 좋을 리 없을 것이다.

행복을 돈과 명예와 권력에서 찾는 사람은 결코 행복을 느낄 수 없다. 오히려 더 많은 돈과 큰 명예와 권력을 위해 더 많은 시간이 필요하기 때문이다. 결국 쳇바퀴 돌아가듯 불행한 삶의 연속이 될지도 모른다.

가끔 남들이 부러워할 만한 성공을 이룬 사람들 중에 전혀 행복하지 않은 사람도 있다. 그들의 모습에선 편안함보다 오히려 불행의 그림자를 발견하게 된다. 그들을 깊이 들여다보면 꿈을 이루기 위해 자신의 가장 소중한 것을 희생했다는 것을 알 수 있다. 가정이 화목하지 않거나 건강이 악화된 사람도 있고, 그동안 꿈에만 집착한 나머지 소중한 친구들을 잃은 사람도 있다. 진정한 성공은 그것을 이루었을 때 행복해야 한다. 또한 그 성공을 다른 누군가와 더불어 누릴 수 있을 때 진정한 성공이라 말할 수 있다.

자신이 원하지 않는 일을 하는 사람보다 더 불행한 사람은 없다. 가족의 생계나 돈 때문에 마지못해 일하는 것은 노예나 다름없다. 반대로 자신이 좋아할 뿐 아니라 적성에 맞는 일을 하는 사람은 행복한 사람이다. 오히려 이런 사람은 자신의 일 속에서 즐거움을 느끼기에 절대 지루하거나 힘들지 않다. 때문에 저절로 일을 대하는 자신의 잠재력을 계발할 수 있다. 진정 행복하고 싶다면 적성에 맞는 일을 해야 한다. 꼭 성공을 떠나 자신이 좋아하는 일을 한다는 그 자체로 행복하기 때문이다.

고등학교 영어 교사였던 서혜진 씨는 처음에는 의욕적으로 교사 생활을 시작했다. 남들은 교사직을 '안정적인 직업'이라며 부러워했다. 주위에는 직장을 구하지 못해 집에서 빈둥거리며 시간을 보내는 친구들도 많았기 때문이다.

그러나 남들의 부러운 시선에도 정작 서 씨에게는 매번 교실만 바뀌고 수업 내용을 되풀이해야 하는 '다람쥐 쳇바퀴 도는 식'의 학교 생활이 마음에 들지 않았다. 아니 자신의 눈높이에 맞지 않았다고 해야 옳은 표현일 것이다.

"아무래도 교사직은 나에겐 맞지 않는 것 같아."

1983년, 그녀는 과감하게 교사직을 그만두고, 30여 명의 입사 동기와 함께 대기업에 입사했다. 평소에 자신이 원하는 일을 해야 행복할 수 있다고 믿었던 터라, 가슴속에선 새로운 희망이 움트기 시작했다.

그녀는 자부심에 넘쳐 열정적으로 일하며 기획실과 해외 사업부, 영업부 등을 두루 거쳤다. 그녀는 여태껏 직장 생활을 하면서 결근이나 지각, 생리휴가를 써본 적이 한 번도 없었다. 그녀는 자신이 힘들게 선택한 직장에서 성공하기 위해 최선을 다했다. 아이가 심하게 아픈 날에도 친정어머니에게 아이를 맡기고 직장으로 출근했을 정도였다. 뿐만 아니라 '여자이기 때문에'라는 고정관념을 없애기 위해 남들이 기피하는 야근도 마다하지 않았다.

"그렇게 치열하게 일하고 나니 눈 앞에 더 이상 무서운 게 없어졌어요."

그러나 이런 그녀에게 위기가 없었던 것은 아니었다. 남자 직원들은 보통 3, 4년이 지나면 과장으로 승진했는데 서 씨에게는 5년이 지나도 아무런 소식이 없었다. 남들이 쉴 때 몇 배로 일했고, 야근까지 자청해 일했는데, '여자라는 이유'로 진급 소식이 없으니 불안한 마음이 들기 시작했다.

'내가 이런 조직에 계속 남아 있어야 할까?'

자신을 인정해주지 않는 회사에 사표를 내던지고 싶은 마음이 하루에도 수십 번 들었다. 그러던 어느 날 물류개선실로 발령이 났다. 영업에 제대로 적응하지 못한 직원을 물류로 보낸다는 말이 나돌 만큼 그곳은 모두가 기피하는 부서였다. 그녀는 발령 소식을 접하고, '사표를 내야겠다'고 마음을 더욱 굳혔다. 저녁에 퇴근을 하고 고심한 끝에 가족들에게 조심스럽게 이야기를 꺼냈다. 회사를 그만두겠다는 말을 듣고 있던 큰딸이 퉁명스럽게 말했다.

"절실히 엄마가 필요했던 어릴 때는 일에만 묻혀 사시다가, 내가 어른이 된 지금에서야 그만두시겠다고요? 일이 싫증나서 돌아오시는 거예요, 아니면 가족을 돌보기 위해 돌아오시는 거예요?"

큰딸의 말을 듣고 정신이 확 들었다. 그녀는 자신의 능력을 알아주지 않는 현실에서 도피하려던 마음을 버리고 다시 한 번 굳은 결심을 했다. 과장으로 승진해서도 신입 사원처럼 열심히 뛰어다녔다. 남자 직원들과 야근을 하며 함께 야식으로 라면을 먹기도 하며 회식 자리에도 빠지지 않았다. 시간이 지나면서 남자 직원들과 술을 마시며 때로 거친 말도 한두 마디 할 줄 알게 되었다.

몇 년 후에 서 씨는 부장으로 승진했고 늘어난 업무로 인해 야근을 밥 먹듯이 하게 되었다. 어느 날 한 상사가 말했다.

"아니, 서 부장은 피곤하지도 않습니까? 아무래도 여자가 아닌 것 같아요."

그러나 남자와 여자라는 벽은 쉽게 깨지지 않는다는 것을 뼛속 깊이 느꼈던 적이 있었다. 한 번은 회식 때 술을 심하게 마셔 길거리에서 구토를 한 적이 있다. 그 후로 그녀를 바라보던 시선이 달라졌다.

"아니, 여자가 말이야."

"여자들은 저래서 직장 생활을 하면 안 된다니까."

그날 일어난 사건은 남자라면 당연히 아무렇지도 않은 일이었을 것이다. 하지만 단지 서 부장이 여자라는 이유만으로 동료에게 곱지 않은 눈길을 받아야 했다.

"남자 직원과 함께 치열하게 일하더라도, 여자로서의 우아함과 품위를 지켜야 하죠. 그렇지 못할 때 도태되고 말지요."

현재 서 부장은 그 대기업의 첫 번째 여성 임원으로 승진했을 뿐만 아니라, 남자 임원 못지않은 리더십을 발휘하고 있다. 그녀는 여성이 중역의 자리에 오르기 위해서는 "뼈와 살을 깎는 인내가 필요하다"고 말한다.

행복에 대해 칸트는 이렇게 말했다.

"행복의 원칙은, 첫째 어떤 일을 할 것, 둘째 어떤 사람을 사랑할 것, 셋째 어떤 일에 희망을 가질 것이다."

칸트의 말처럼 자신의 적성에 맞는 일을 하면서 소중한 사람들과 희망을 잃지 않는 것이야말로 성공적인 삶이 아닐까 생각해 본다.

7장

적은
내 안에 있다

깊은 바다 곳곳에는 암초가 숨어 있다. 선장의 노련한 경험과 지혜가 없다면 암초에 부딪혀 배는 침몰하고 말 것이다. 인생은 드넓은 바다와 같고 우리가 꿈을 향해 나아가는 곳곳에 암초처럼 시련이 숨어 있다. 때때로 시련은 결정적인 순간에 우리 삶의 발목을 붙잡고 넘어뜨린다.

레어 크록은 "성공은 실패의 가능성과 패배의 위험을 무릅쓰고 얻어야 한다. 위험이 없으면 성취의 보람도 없다"고 말했다. 많은 사람들이 성공을 간절히 원하지만 이루지 못하는 것은 시련 때문이다. 시련은 실패에 대한 두려움을 안겨 주고 도중에 포기하게 만드는 악마와 같은 존재이다.

성공이 값진 이유는 온갖 시련을 이겨냈기 때문이다. 때로 시련은 절망을 안겨주고 헤어나올 수 없는 슬픔을 가져다주기도 한다. 대다수의 사람들이 성공을 향한 여정에서 발길을 돌리는 것은 시련을 극복하지 못했기 때문이다. 생각처럼 쉽게 성취할 수 있다고 믿었던 성공 속에 전혀 예상하지 못했던 암초들이 불쑥 고개를 내밀 때마다 자신감을 잃었던 것이다.

'그동안 회사에 얼마나 애정을 바쳤는데… 딴 사람도 아니고 왜 하필이면 나야?'

이 과장은 자신이 구조조정 명단에 포함되었다는 생각에 화가 치밀어 견딜 수 없었다.

회사에서 구조조정을 당하지 않았을 때까지만 해도 그에게는 종종 같은 업종의 기업에서 더 나은 대우를 제시하며 스카우트 제의가 들어왔다. 하지만 그는 '좀 더 열심히 해서 여기서 인정받자'는 결심으로 제의를 거절했다. 평소에 그는 의리를 중요시하며 살아왔던 사람이었다. 이런 여유와 오기도 잠시 하루아침에 회사에서 쫓겨나자 이 과장의 생활은 모든 것이 달라졌다. 그를 자주 찾던 전화도 뜸해지고, 스카우트 제의를 했던 동종 업체에서는 모두들 이런저런 핑계로 만나기를 꺼려했다. 그는 하는 수 없이 여러 군데 기업에 이력서를 내봤지만 모두 거절당했다. 그동안 회사에 바친 열정은 한줌의 재가 되었다. 그는 현실의 아픔을 잊기 위해 술로 하루하루를 견디고 있었다.

요즘 가장 괴로운 것이 뭐냐고 묻자 이렇게 대답했다.

"가족을 비롯해서 처가 식구를 볼 면목이 없어 죽고 싶은 마음뿐입니다. 무엇보다 그동안 내가 가정에 소홀해 가면서 헌신했던 회사가 나를 버렸다는데서 오는 배신감의 분노를 참을 수 없어요."

이 과장은 불행의 원인을 계속 회사에서 찾았다. 그랬기 때문에 시간이 지날수록 고통은 줄어들기는커녕 커져만 갔다. 만일 그가 평소에 구조조정이라는 상황을 예견했더라면 지금과 같은 힘든 현실을 피할 수 있었을 것이다. 그가 평생 직장이라는 생각을 가지고 직장 생활을 했다는 데서 원인이 생겨났다고 볼 수 있다.

아무리 슬퍼하고 괴로워한다고 해서 현재의 상황이 저절로 다시 호전되지 않는다. 처음 시작했을 때처럼 다시 돌파구를 찾을 때 상황은 반전되는 것이다.

'가끔 실패하지 않는다면, 언제나 안이하게만 산다는 증거이다.' 우디 알렌의 말처럼 위기는 다양한 모습으로 찾아온다. 그러나 위기가 찾아왔다는 것은 열심히 살았다는 뜻이다. 그냥 별 생각 없이 대충 살았다면 위기 또한 없었을 것이다. 인생을 살아가는 동안에 누구나 위기와 실패에 절망할 수 있다. 또 모든 사람이 쉽게 그것을 극복하지는 못한다. 사람에 따라 위기를 피하려고만 하거나 더 쉬운 길로 돌아가려는 사람이 있다. 때로는 실패를 겪었다고 영원히 성공할 수 없다는 패배감에 사로잡혀 있는 사람도 있다.

위기는 피한다고 해서 피해지는 것이 아니다. 지금 당장은 위기를 모면할 순 있을지 몰라도 다시 눈앞에 나타날 것이다. 그땐 지금보다 더 심각한 모습을 하고 있을 것이다. 위기는 그냥 두면 시간이 지날수록 눈덩이처럼 불어난다. 더욱 놀라운 것은 눈덩이로 불어나는 위기에 묻혀 여러분은 자신의 인생에서 주연이 아닌 조연으로 살아가게 된다는 점이다.

실패도 마찬가지이다. 실패를 영영 재기할 수 없는 패배로 여긴다면 정말 그렇게 될 것이다. 하지만 실패를 부족한 자신에게 주는 채찍질처럼 긍정적으로 여긴다면 다시 시작할 수 있다. 뿐만 아니라 예전의 실패를 교훈삼아 성공을 달성할 수 있을 것이다. 모든 것은 생각하기에 달렸다. 실패를 채찍질로 생각한다면 더없이 좋은 인생 공부가 된다.

위기는 끝이 안 보이는 캄캄한 동굴과도 같다. 동굴 속에선 수만 마리의 박쥐들이 얼굴을 할퀴며 덤벼들 것이다. 박쥐는 위기와 같다. 자꾸만 움츠러든다면 더욱 자신감을 얻고 공격할 것이다. 하지만 용기를 내어 눈부신 햇살이 내리쬐는 동굴 밖으로 나오게 되면 더 이상 박쥐들로부터 공격을 받는 일은 없다.

지금 위기에 빠져있다면 잠시 길을 잃은 탓에 캄캄한 동굴에 갇혀 있다고 생각해 보자. 그리고 잠시 후에 동굴에서 빠져나가 갈 것이라고 스스로에게 말해 보자. 무엇보다 여러분에게 고통을 안겨주는 시련은 성공을 향한 훈련이라고 생각해 보자. 그러할 때 위기는 위기로만 인식되지 않고 그 속에서 배움을 얻을 수 있다. 위기에서 탈출하는 데 도움이 될 만한 몇 가지를 소개한다.

첫째, 문제의 원인을 외부에서 찾지 말고 자신의 내부 구조에서 발견해야 한다.

자꾸만 외부 환경에서 찾다 보면 실마리를 풀 수 있는 원인을 찾을 수 없다. 무엇보다 지금 자신이 겪고 있는 고통이 다른 사람으로부터 비롯되었다는 생각은 버려야 한다. 그보다 자신에게 문제의 원인을 찾을 수 있어야 한다. 그러할 때 지금의 시련 속에서 미래의 밑거름을 발견할 수 있다.

둘째, 지난 과거에서 과감하게 벗어날 줄 알아야 한다.

현재까지 누리며 지니고 있던 것을 잃어버렸다고 한탄하기보다 그것들은 원래 상태로 돌아갔다고 생각해야 한다. 지난 과거에서 재빨리 벗어나야 현실에 충실할 수 있고 새로운 마음으로 다시 시작할 수 있기 때문이다.

셋째, 현재 자신이 가지고 있는 것에 감사하며 초점을 맞추어야 한다.

위기에 처했거나 절망에 빠진 사람은 자신이 할 수 없는 것에 집착한다. 그들의 마음속을 가득 채우는 것은 후회와 아쉬움, 고통, 분노뿐이다. 자신이 할 수 없는 것보다는 자신이 할 수 있는 것에 마음을 집중해야 한다. 돋보기로 한 곳에 발화점을 맞추듯이 실현 가능성 있는 일에서 다시 시작하자. 그래야 기회의 문은 열리기 시작한다.

미식축구의 전설 빈스 롬바르디는 "승리하고자 하는 정신과 의지, 뛰어나고자 하는 의지를 견지하라. 그러한 자질이야말로 무언가 일이 일어나는 것보다 훨씬 더 중요하다"라고 말했다. 사람들은 매일 아무 일 없이 평온한 가운데 편안하게 살 수 있기를 바란다. 그러나 이런 희망은 이루어지지 않는다. 인생 여행에는 우리가 알 수 없는 숱한 장애물이 기다리고 있기 때문이다.

편안한 나날을 꿈꾼다는 것은 오늘보다 더 나은 내일을 위해 노력하지 않겠다는 말과 같다. 이런 자세를 견지한다면 분명 오늘보다 못한 내일을 살게 된다. 왜냐하면 남들은 자신보다 더 나아지고 발전할 것이기 때문이다.

살아가다보면 우리는 거듭하여 위기에 처하게 된다. 그때 지레 겁먹고 위기에 등을 보이게 되면 위기는 우리의 목을 더욱 바짝 조여 오게 된다. 피한다고 해서 피할 수 있는 것이 아니다. 정면 돌파함으로써 그에 맞는 해결책을 찾아야 한다. 그래야 위기도 극복할 수 있을 뿐 아니라 위기를 통해 한층 성숙해질 수 있다.

영국의 언론인이자 저술가인 윌 호튼은 이렇게 말했다.

"성공은 목표와 꿈, 기대에 도달한 정도에 의해 측정되며,

당신의 성공은 노력과 인내, 결단력으로 결정된다. 삶에서 성공하고자 한다면, 그 모든 것은 자신에게 달려 있다. 당신 자신의 책임이다. 결국 인생은 마음먹기에 달렸다. 위기 앞에서 각자가 어떻게 행동하느냐에 따라 남은 미래가 암울할 수도 창대할 수도 있다는 것을 기억하라.

8장

지난 일은
후회하지 말고
잊어라

"집안이 나쁘다고 탓하지 말라.

나는 아홉 살 때 아버지를 잃고 마을에서 쫓겨났다.

가난하다고 말하지 마라.

나는 들쥐를 잡아먹으며 연명했고,

목숨을 건 전쟁이 내 직업이고 내 일이었다.

작은 나라에서 태어났다고 말하지 마라.

그림자 말고는 친구도 없고 병사로만 10만.

백성은 어린애, 노인까지 합쳐 2백만 명도 되지 않았다.

배운 게 없다고 힘이 없다고 탓하지 마라.
나는 내 이름도 쓸 줄 몰랐으나 남의 말에 귀 기울이면서
현명해지는 법을 배웠다.
너무 막막하다고, 그래서 포기해야겠다고 말하지 마라.
나는 목에 칼을 쓰고도 탈출했고,
뺨에 화살을 맞고 죽었다 살아나기도 했다.
적은 밖에 있는 것이 아니라 내 안에 있다.
나는 내게 거추장스러운 것은 깡그리 쓸어버렸다.
나를 극복하는 그 순간 나는 칭기즈칸이 되었다.”

칭기즈칸은 기마병 중심의 탁월한 기동력으로 세계를 제패했다. 칭기즈칸 군대는 항상 말안장 밑에 얇게 저민 양고기를 가지고 다녔다고 한다. 식사는 들고 다니던 방패에 물을 붓고 주변에서 구해온 마른 풀잎이나 말똥에 불을 붙여 말안장에서 꺼낸 양고기를 익혀 먹으며 전쟁을 치렀다. 이런 강인한 정신력을 바탕으로 세계를 통일할 수 있었다.

내가 아는 이웃집 한 아주머니는 매일 새벽 4시에 일어나 2시간 가량 우유 배달 일을 하고 있다. 마치고 나서 9시쯤에 신문사 광고 영업사원으로 출근을 한다. 그녀는 날씨와 상관없이 단 하루도 거르지 않는다.

“내 한 몸 편하자고 쉬어버리면 다른 수십 명의 사람들이 우유를 먹을 수 없게 되죠. 만일 매일 아침에 마시는 우유를

어느 날 먹지 못한다면 얼마나 서운하겠습니까?”

한 겨울에는 살을 에는 추위에 누구도 새벽에 일어나고 싶지 않을 것이다. 또한 일어났다가도 도로 따뜻한 이불 속으로 들어가고 싶다. 하지만 그녀는 이 일을 13년간이나 하루도 거르지 않고 해왔다. 바로 고객을 위한 마음을 가지고 ‘끈기’와 ‘책임감’으로 견뎌낸 것이다.

격언 중에 “앞으로 한 자만 더 파면 나올 우물을 파지 않고 근심만 하고 있다”는 말이 있다. 한 자만 더 파면 그토록 원했던 물이 펑펑 쏟아질 텐데 그만 도중에 포기해버리고 만다는 것이다. ‘시작’은 쉽게 하면서 ‘끈기’와 ‘책임감’이 없어 도중에 단념해버리는 사람이 많다. 그런 사람들은 대부분 시간이 흐른 후에 ‘계속 해볼 걸’ 하고 후회한다. 그러나 그때는 아무리 후회해도 소용이 없다.

미국에서 무일푼으로 자수성가한 성공 컨설턴트 브라이언 트레이시의 저서 『목표 그 성취의 기술』에 보면 다음과 같은 내용이 있다.

1895년에 미국은 끔찍한 불황에 빠졌다. 중서부의 어떤 이는 그 불황의 와중에 호텔을 잃고 말았다. 그는 온 나라를 휩쓸고 있는 역경에도 불구하고 끈질기게 노력해서 다시 일어설 수 있도록 사람들에게 동기를 부여해줄 책을 쓰기로 결심했다. 그가 바로 오리슨 스마든이다. 말 보관소 위에 방을 하나 잡고 『삶의 전면으로 나아가서』라는 책을 쓰는데 1년 내내 밤낮으로 매달렸다. 마침내 그는 어느 날 저녁 늦게 책의 마지막 페이지를 마쳤다. 피곤하고 허기진 그는 저녁을 먹으러 한 조그만 카페에 갔다. 한 시간 정도 밖에 있는 동안 말 보관소에 불이 났다.   식사를 마치고 돌아왔을 때는 800페이지가 넘는 원고가 불타서 모조리 사라진 뒤였다.

그럼에도 불구하고 스마든은 기억에 의지하여 다시 그 책을 쓰면서 또 한 해를 보냈다. 책을 다 쓴 후에 원고를 들고 여러 출판사를 찾아다녔다. 하지만 온 나라가 극심한 불황과 높은 실업으로 허덕이는 마당에 그와 같은 자기계발 서적에 흥미를 보이는 사람이 없었다. 그 후 그는 시카고로 가서 다른 직업을 구했다. 그러던 어느 날 마침 한 출판업자와 친분이 있는 친구에게 그 원고 이야기를 했다. 얼마 후『삶의 전면으로 나아가서』라는 책은 출판되었고, 미국 내에서 베스트셀러가 되었다.

『삶의 전면으로 나아가서』는 미국의 지도적인 기업가들과 정치인들로부터 미국을 20세기로 이끌어줄 책이라는 찬사를 받았다. 이와 함께 이 책은 전국의 독자들이 중요한 결정을 내리는데 엄청난 영향을 주었으며, 자기계발에 관한 가장 위대한 고전이 되었다.

영국의 정치가 벤저민 디즈레일리는 "많은 사람들이 인내를 통해 확실한 실패에 이를 게 분명해 보이는 것에서 성공을 이끌어낸다"고 말했다. 어떤 성공이든 인내 없이는 불가능하

다. 대부분의 사람들이 자신의 꿈과 동떨어진 삶을 살고 있
다. 그 이유는 자신의 꿈을 이루기 위해 노력하다 중도에 포
기했기 때문이다.

그렇다면 '어떻게 하면 끈기와 책임감을 잃지 않을 수 있
을까?'라는 의문이 든다. 방법이 없는 것은 아니다. 그것은
초심初心을 잃지 않는 것이다. 처음에 그 일을 시작하면서 가
졌던 '간절한 마음'을 잃지 않는 것이다. 처음 시작할 때의
열심인 모습을 잃지 않을 때 반드시 자신이 마음먹은 일을 성
취할 수 있다.

목표를 향해 나아가다보면 수많은 방해꾼들이 있다. 그들
은 온갖 수단과 방법으로 여러분의 초심을 흩트려 놓으려 한
다. 좀 더 쉽고 편한 길을 가라고 유혹한다. 그럴 땐 처음 그
목표를 생각하며 가졌던 의지를 떠올려보자. 그 목표를 생각
하며 느꼈던 전율을 다시 떠올린다면 느슨해진 몸은 처음 그
때처럼 다시 긴장될 것이다.

단거리 달리기 선수처럼 항상 긴장되어 있어야 한다. 이
긴장은 초조나 불안이 아닌 목표를 향한 열정으로 인해 생겨
나야 한다. 여기에다 훗날 목표를 이룬 여러분의 모습을 상
상해보라. 목표를 성취한 미래의 모습은 자꾸만 지쳐가는 여
러분에게 '할 수 있다'는 긍정의 자신감과 열정을 안겨줄 것
이다.

9장

자신의 잘못을
상대에게
돌리지 마라

평소에 자신의 잘못을 인정하기란 말처럼 쉽지 않다. 괜스레 다른 사람들에게 흠 잡힌다는 생각이 들기 때문이다. 이런 생각은 잘못을 인정하지 않고 변명의 기회를 찾으려 할 때 든다. 떳떳하게 자신의 잘못을 인정하고 용서를 구하는 사람은 오히려 당당하다. 이런 사람은 자신의 잘못 속에서 교훈을 얻는다. 때문에 감추려는 사람보다 더욱 앞서가게 마련이다.

어디에서나 자신의 잘못을 있는 그대로 인정하는 사람은

사랑받는다. 이 사람에게는 누구나 손을 내밀고 다시 기회를 준다. 반대로 자꾸만 핑계를 찾는 사람은 미움을 받게 마련이다. 그러다 계속 그런 일이 재발하면 급기야 외면당하거나 퇴출되고 만다.

잘못을 떳떳하게 인정하는 마음속에는 다시는 똑같은 실수를 반복하지 않겠다는 의지가 담겨 있다. 이런 사람에게 박수를 보내지 않을 사람은 없을 것이다.

잘못을 인정하는 것은 어찌 보면 스스로를 용서하고 사랑하는 일이다. 자신에게 사랑과 용서를 베풀지 못한다면 타인에게는 더더욱 관대하지 못하다. 우리는 때로 넘어지고 실수하면서 조금씩 위로 올라간다. 실수를 통해 우리가 발전한다는 것을 간과해선 안 된다. 실수를 한다는 것은 행동으로 옮겼다는 뜻이기에 질책보다는 용서와 사랑이 필요하다.

얼마 전 가족들과 모처럼 외식을 하게 되었다. 잠시 기다리자 여종업원이 주문한 음식을 가져 왔다. 하지만 우리가 주문한 음식이 아니었다.

"주문한 메뉴가 아니군요. 다시 확인해 주시겠습니까?"

내가 이렇게 말하자, 여종업원은 퉁명한 어조로 핑계를 대는 것이었다.

"제가 잘못 적었을 리가 없는데… 정말 이상하네. 그동안 한 번도 이런 일이 없었어요."

그러더니 잠시 후 신경질적인 반응의 목소리로 말했다.

"손님, 다음부터는 큰 소리로 말씀해 주세요."

우리는 다시 주문한 메뉴가 나오기까지 10여 분 기다리는 동안 가족들의 원망은 이 식당을 추천한 나에게 고스란히 돌아왔다. 나는 그 음식점에 간 것을 뼈저리게 후회했다. 다시는 가지 않겠다고 마음속으로 수십 번 다짐했다.

여종업원이 자신의 실수를 떳떳하게 인정하고 용서를 구했다면 그렇게까지 불쾌하지 않았을 것이다. 여종업원은 단골 고객을 만드는 데 1년이 걸리지만 놓치는 데는 10분이면 충분하다는 것을 간과한 것이다.

러시아의 작가 톨스토이의 작품 중에『집 지은 사람의 잘못일까』라는 작품이 있다. 이 작품에는 자신의 실수를 다른 사람의 탓으로 여기며 원망하는 사람들의 이야기가 담겨 있다. 이 작품은 그가 어린 시절 누이를 통해 깨달은 일이 소재가 되었다.

톨스토이의 아버지는 도자기를 수집하는 취미가 있었다. 어린 시절 그의 집에는 좋은 도자기들이 많았다. 아버지는 하루에 한 번씩 도자기를 일일이 닦아서 보관할 만큼 도자기를 아끼고 소중하게 여겼다.

어느 날 아버지가 새로운 도자기를 사 가지고 왔다. 자그마하고 고운 빛깔의 그 도자기를 본 여동생이 아버지에게 달라며 졸랐다. 그러나 아버지가 그것을 선뜻 딸에게 내어줄 리가 없었다.

며칠 후 크리스마스를 앞두고 여동생은 아버지가 기분 좋은 틈을 타서 또다시 도자기를 달라고 조르기 시작했다. 아버지는 다시 한 번 안 된다고 말하자 여동생의 눈에선 눈물이 흐르는 것을 보고 아버지가 다정하게 말했다.

"그래, 네가 그토록 좋아하는 것이니 가지려무나."

간신히 아버지의 허락을 받은 여동생은 기뻐서 어쩔 줄을 몰랐다. 신이 난 여동생은 도자기를 들고 오빠 방으로 뛰어갔다. 그런데 순간 문턱에 걸려 넘어지면서 도자기는 산산조각이 나고 말았다.

부서진 도자기 조각을 보며 여동생은 화를 냈다.

"높은 문턱 때문이야. 우리 집을 지은 사람이 대체 누구예요? 누가 이렇게 지어서 나를 넘어지게 했냐 말이에요?"

자신의 실수는 탓하지 않고 집을 지은 사람을 원망하는 딸을 보고 있던 톨스토이는 어이가 없었다. 그 일은 깊은 깨달음을 주었다. 그래서 훗날 그 일을 기억하며 『집 지은 사람의 잘못일까』라는 작품을 쓰게 되었다.

꿈이 있는 사람은 어디에서나 떳떳하게 행동한다. 혹 자신이 실수를 했다 하더라도 그것을 감추려하기보다 당당하게 상대방에게 사과한다. 사과는 결코 부끄러운 행동이 아니기 때문이라는 것을 알기 때문이다.

자신의 잘못을 인정하는 일은 부끄러운 일이 아니다. 오히려 남들에게 자신의 굳건한 신념을 보여주는 일이다. '나는 다른 사람들과 똑같지 않다', '다시 한 번 나를 믿어주었으면 좋겠다'라는 무언의 의미를 담고 있기 때문이다. 자신의 잘못을 인정하는 사람이 주위 사람들에게 더 많은 지지를 받을 수 있는 것도 이 때문이다.

사람들은 일에 대한 실수보다 그 실수를 처리해 가는 과정을 더 중요시하게 생각한다. 그 과정 속에서 그 사람의 마음가짐과 모습 등을 알 수 있기 때문이다. 잘못을 감추려는 사람은 더 큰 위기 속으로 걸어 들어가는 사람이지만, 떳떳하게 인정하는 사람은 위기를 기회로 변화시킬 수 있는 사람이다.

1998년, 미국 시티 그룹의 제임스 다이몬 사장은 갑자기 청천벽력 같은 통보를 받았다. 회사에서 나가 달라는 것이었다.

다이몬을 해고한 사람은 뜻밖의 '사업의 아버지', '인생의 스승'이라고 여기던 샌디 웨일 회장이었다. 웨일은 시티그룹을 미국 1위의 금융 그룹으로 키운 마이더스의 손이었다.

두 사람의 관계는 20년이 넘었다. 다이몬의 아버지 역시 웨일의 회사 직원이었다. 웨일은 다이몬이 대학생일 때부터 눈여겨보았고, 하버드대 MBA 졸업을 기다렸다가 이후에 그를 채용했다.

다이몬은 웨일에게 있어 그림자와 같은 존재였다. 1985년, 웨일이 아메리칸익스프레스에서 배신을 당해 쫓겨났을 때 그와 함께 한 유일한 직원이 다이몬이었다. 그 후 두 사람은 온갖 시련과 역경을 극복하고 재기에 성공했고, 시티콥과 트레블러스를 합쳐 미국 1위의 금융사 시티 그룹을 출범시켰다. 그런데 웨일이 자신에게 충성을 바친 다이몬을 내친 것이었다.

다이몬은 믿었던 사람에게 배신당했다는 생각에 분노가 치밀었다. 그는 분노를 삭이기 위해 매일 위인들의 전기를 읽거나 복싱 체육관에서 샌드백을 두드렸다. 1년 6개월을 그렇게 보냈다.

어느 날, 시카고의 한 금융사로부터 영입 제의를 받았다. 그는 시카고로 가서 새 출발을 하기로 결심했다. 결국 그는 미국 내 4위 뱅크원의 CEO가 되었다.

다이몬은 시카고의 뱅크원 본점에 도착하자마자 임원실 인테리어 공사부터 중단시켰다. 그러고는 사무실에 자신만을 위한, 대문짝만한 한 문구를 붙여 놓았다.

'징징거리지 말 것.'

성공한 사람들의 발자취를 살펴보면 어떤 시련에 처해도 절대 툴툴거리지 않았다는 것을 알 수 있다. 그들도 때로 참기 힘든 억울한 일을 당했다. 그 순간에 걷잡을 수 없이 분노가 치밀었지만 이내 분노를 삭였다. 분노한다고 해서 달라지는 것은 아무 것도 없기 때문이다. 그 대신 자신이 해야 할 일에 집중적으로 초점을 맞추었다. 그러고는 주어진 상황을 개선시키려고 행동했고 그 결과 시련에 처하지 않았을 때보다 더 나은 삶을 개척할 수 있었다.

10장

자신의
브랜드를
만들어라

경쟁이 치열한 이 사회에서 살아남으려면 무엇이든 남보다 뛰어나야 한다. 경쟁 사회에서 대인 관계나 능력만큼 중요한 것이 있다. 바로 몸과 마음의 건강이다. '건강이 능력보다 더 중요할까?' 하고 의문을 가질 수도 있다. 하지만 건강보다 더 소중한 것은 없다. 건강을 잃고 나서 얻는 부와 명예, 권력이 과연 무슨 소용이 있을까?

잘 아는 김 선배는 다니던 회사에 사표를 던지고 새로운 직장에 출근하기 위한 계약서에 사인했다. 선배는 편안한 심정으로 신체검사를 받았다. 그런데 예기치 못한 일이 생기고 말았다. 신체검사 결과 간 기능 수치가 정상인보다 높게 나온 것이었다. 의사는 이대로라면 쉽게 피로할 뿐 아니라 과로하면 간염으로 발전할 수 있다고 했다.

평소 선배는 건강만큼은 누구보다 자신 있다며 큰 소리쳤었던 터라 더욱 당황하였다. 결국 옮기기로 한 회사의 인사부에서 입사가 힘들다는 결정이 내려졌다. 선배는 그때서야 건강이 가장 중요하다는 것을 깨닫고 아침마다 운동을 하며 술, 담배도 끊었다. 그러자 시간이 흐르면서 건강이 서서히 회복되더니 오히려 예전보다 더 좋아졌다. 건강이 좋아지니 마음도 덩달아 밝아졌다.

어느 날 선배에게 평소 알고 지내던 거래처의 직원으로부터 연락이 왔다. 마침 기획팀에 자리가 났다며 괜찮다면 면접을 보라는 것이었다. 그렇게 해서 예전보다 더 나은 직장에서 일할 수 있는 기회를 얻게 되었다. 건강이 나쁘면 아무리 능력이 뛰어나다 해도 그 능력을 온전히 발휘할 수 없다.

또, 한 사람은 학력 콤플렉스에 빠져 있었다. 그가 자기 계발을 하게 된 것은 만년 대리라는 꼬리표를 달기 시작하고서부터이다. 그는 아침 5시에 일어나 영어회화 공부를 하기 시작했다. 그리고 업무와 관련된 각종 정보지와 조간 신문도 거르지 않고 꼼꼼히 읽었다.

그러던 중에 대기업 L사에서 스카우트 제의가 들어왔고,

그동안 갈고 닦은 영어 실력과 전문 지식을 유감없이 발휘했
다. 그는 전에 다니던 직장보다 40퍼센트 많은 연봉을 받으
며 현재는 업무와 관련된 전문성을 쌓기 위해 야간 대학원에
다니고 있다.

부실한 기업은 구조조정을 통해 회생할 수 있다. 이렇듯
직장인도 부단한 자기계발을 통해 자신의 능력을 키울 수 있
을 뿐 아니라 몸값을 높일 수 있다. 때문에 전략적인 자기 관
리와 경력 관리를 평소에 꾸준히 해야 한다. 그러기위해서
우선적으로 현재 몸담고 있는 회사에서 성공을 위한 초석을
다져야 한다.

우리는 직업 세계에서 자신의 몸값을 책정하고, 그것을 당
당하게 요구할 수 있는 시대에 살고 있다. 자신의 몸값은 미
래의 자산 가치라고 할 수 있다. 따라서 스스로 브랜드 가치
를 높여야 한다. 당신의 브랜드 가치를 올리기 위한 다음의
방법을 실천하기 바란다.

1. 우수한 외국어 실력을 갖춰라.

사람들이 영어를 잘하기 위해 들이는 비용은 전체 수입의
상당한 부분을 차지하고 있다. 그러나 대부분은 왜 영어를
잘해야 하는지에 대해서는 잘 알지 못한다. 단순히 영어를
잘하면 입사나 승진 때 유리하게 작용한다는 정도이다.

세계적으로 우수한 문학이나 과학·사상·사회교육 등 저

서들의 원서는 대부분 영어로 되어 있다. 때문에 남들보다 뛰어난 영어 실력을 지니고 있다면 발 빠르고 정확한 정보를 얻을 수 있다. 만일 영어 실력을 내세울 만한 것이 없다면 앞선 정보는커녕 잘못된 지식과 정보를 그대로 활용할 수밖에 없을 것이다.

영어를 능숙하게 잘하는 사람은 세계 다양한 나라의 사람들과 친구가 될 수 있다. 그들은 누구보다 국제적인 감각을 갖출 수 있고, 따라서 앞으로 자신에게 다가올 많은 기회를 잡을 수 있는 좋은 발판이 될 수 있다.

2. 업무 외 시간을 자기계발에 투자하라.

내 분야에서 일인자가 되겠다는 각오로 자기계발을 꾸준히 해야 한다. '어떻게how'에 길들여진 기술자가 아니라 '무엇what'을 해야 하는지를 아는 전문가가 되어야 한다. 그러기 위해선 사색을 통해 자신을 냉철하고 객관적으로 분석해야 한다. 그래야만 자신에게 무엇이 필요한지 알 수 있기 때문이다.

자기계발을 통해 필요한 자격증을 획득하거나 동아리 활동을 통해 정보를 얻는 것도 좋은 방법이다. 뿐만 아니라 새로운 지식의 학문을 위해서 주야간 대학원 과정을 배우는 것도 도움이 된다. 끊임없이 자신을 갈고 닦아 언제든지 취업 전선에 진출할 수 있도록 만전의 준비를 갖춰야 한다.

3. 현재 몸담고 있는 직장에 최선을 다하라.

경력 계발의 80퍼센트는 현 직장의 업무를 통해 이뤄진다. 다니고 있는 직장에서 최대한 성과를 내고, 그 사실을 회사 사람들에게 인식시켜야 한다. 만일 직장에서 능력을 인정받지 못한다면 승진뿐 아니라 더 나은 조건의 이직의 기회는 다가오지 않는다.

현 직장에서의 경력 관리 및 평판 관리는 자신의 가치를 올리는 기초적인 토대가 된다. 이직을 하는 경우 해당 회사의 인사팀에서 지원자의 대인 관계와 경력, 실적 등을 전 직장에 조회한다는 것을 유념해야 한다.

4. 되도록이면 잦은 이직은 피하라.

이직은 충분한 준비를 바탕으로 해야 한다. 단지 현 직장보다 조금 더 근무 환경, 후생 복지, 대우가 낫다고 해서 쉽게 직장을 옮기는 실수를 해선 안 된다. 아무리 유능한 사람이더라도 직장을 자주 옮기는 사람은 전문 헤드헌터 사이에 블랙리스트로 오르게 된다. 따라서 꼭 원하는 필요한 회사로 이직이 어려워질 수도 있다. 기업에서는 해당 업무의 비밀이 유출될 우려와 근태 상황에 문제가 있는 것으로 간주하여 잦은 이직 경력자를 기피한다는 것을 명심하라. 회사에서 근무하면서 이직은 앞으로 자신의 계발과 미래 기업의 발전과 전망 등을 시간을 두고 천천히 신중하게 생각하는 것이 바람직하다. 급한 마음에 쉽게 이직했다가 자신이 예상했던 조건과 회사와의 기대가 맞지 않아 그만두는 경우도 종종 발생한다.

5. 항상 당당하게 자신감을 가져라.

스페인 철학자 발타자르 그라시안은 "어떤 상황이 닥치더라도 자신감을 잃지 마라. 자신감은 그대를 더욱 당당하게 만들 것이다" 라고 말했다. 자신감이 약한 사람은 두려움 때문에 주어진 일에 시도하거나 도전하지 않고 망설이기만 하기 때문에 앞으로 나아가지 못한다. 반면에, 자신감이 강한 사람은 혹시나 잘못되었을 때의 실패를 각오하고 확고한 목표를 향해 전진한다. 어떤 난관이 있어도 물러서지 않는 마음속에 자신감이 넘쳐 흐른다. 때문에 결국 자신이 원하는 바를 이루고 만다.

6. 업무 성과를 객관적 자료로 준비하라.

자신의 업무 실적을 수치화하는 것이 중요하다. 자료를 추상적으로 늘어놓는 것보다 꼼꼼하게 수치화해서 표현할 때 상대방은 보다 쉽게 실적을 이해할 수 있다.

자료 수치화는 결국 상대방의 마음을 움직이게 된다. 때문에 평소 현재 다니고 있는 직장이나 전에 다니던 직장에서 기여한 공로 등을 평가해서 객관적인 문서 자료로 만들어 두는 것이 좋다. 특히 입사 지원서를 기록할 때는 남다른 성과를 금액으로 환산한 데이터를 이력서와 함께 제출하는 것도 인사 담당자에게 좋은 인상을 주는 방법이 될 수 있다.

7. 휴먼 네트워크를 잘 관리하라.

기업 경영에서 '좋은 관계'는 '좋은 거래'로 이어지는 경우가 많다. 때문에 인맥이 넓은 사람은 사회에서 어려움에 처하거나 필요할 때 도움을 받거나 뜻하지 않은 대접을 받는다. 하지만 단순히 상품을 사고파는 거래처 직원 정도로는 넓은 인맥을 구성할 수 없다. 또한 어떤 의도를 가지거나 사적인 욕심으로 대한다면 상대방과 좋은 관계는 오래가지 못한다. 사심이 앞서기보다 상대방을 배려하는 마음으로 대할 때 원활한 관계를 지속할 수 있다. 내가 상대방이 원하는 것을 먼저 해결해 줄 때 나중에는 더 많은 것을 얻을 수 있는 기회가 올 것이다.

사람들은 몸에 이상이 있으면 병원에 가서 진찰을 하고 처방을 받는다. 그래야 초기에 병을 고칠 수 있기 때문이다. 마찬가지로 성공한 사람들 역시 평소 자기 자신에 대해 누구보다 잘 알고 있다. 때문에 위기가 닥치기 전에 과감하게 결단하고 구조조정을 할 수 있는 것이다. 그 결과 남들보다 한발 앞서갈 수 있다.

지금 스스로 자신은 어떤 구조조정이 필요한가 생각해 보라. 먼저 구조조정을 하지 않으면 결국 남에게 구조조정을

당할 위기에 놓일 수 있다. 즉, 여러분은 자신의 운명의 주인
이 될 수도, 운명의 하인이 될 수도 있다. 지금부터 어떤 결단
을 하고 행동하느냐에 달렸다.

11장

현재의 위치를 점검하라

신은 모든 사람에게 공평하게 능력을 주었다. 그런데 세상에는 성공한 사람과 실패한 사람들, 이렇게 두 부류의 사람들이 있다. 그들 모두 처음 시작은 비슷했을 텐데, 어떻게 하늘과 땅 차이로 격차가 벌어지게 되었을까? 먼저 사고의 차이를 들 수 있다.

실패한 사람들은 습관적으로 이렇게 말한다.

"나는 되는 일이 없어."

"든든한 백그라운드도 없는 내가 성공은 무슨."

그러나 성공한 사람의 생각은 다르다.

"나는 특별한 사람이야."

"그 사람도 성공했는데 왜 나라고 못할 것이 없지."

세상에 꿈을 이룬 사람들은 99퍼센트 불가능이 아닌 1퍼센트의 가능성을 발견한 사람들이다. 바보처럼 우직하게 그 희미한 가능성을 확대하여 계속 밀고 나간다. 그리고 마침내 실현시키고 만다. 성공은 그 사람이 가진 사고에 따라 결과가 판이하게 달라진다.

『네 안에 잠든 거인을 깨워라』의 저자 앤서니 라빈스는 미국 내 가장 영향력 있는 변화심리학의 권위자이자 카운슬러로 널리 알려져 있다. 이 책을 통해 그는 개인의 변화와 성공 사례를 통해 변화와 성공으로 이르는 길을 알려주고 있다.

라빈스는 남보다 앞서 가려고 하기보다는 자신의 길에 신념을 가져야 한다고 말한다. 오로지 남보다 앞서기 위해 집중하는 것보다 더 위험한 일은 없다는 것이다. 경쟁 상대가 자신보다 앞서 나간다면 큰 충격에 휩싸이거나 슬럼프에 빠질 수 있기 때문이다. 따라서 타인보다 앞서기 위해 애쓰기보다 자신의 강점을 강화해야 한다. 이것이 바로 앤서니 라빈스가 말하는 '내 안에 잠든 거인을 깨우는 방법'이다.

젊은 직장인 사이에 '내 몸값 두 배 올리기'가 유행이다. 불안한 직업 세계에서 살아남기 위한 확실한 방법이 바로 자신의 브랜드 가치를 높이는 것이기 때문이다. 브랜드 가치를 높이는 다양한 방법이 있다. 지인 가운데 이름으로 된 책을 출간하는가 하면, 고객들과 사내 임직원에게 유익한 책의 핵심을 메모해 날마다 이메일로 보내주는 사람도 있다.

H그룹에 다니는 박 씨는 자기 PR법 차원에서 '재테크'와 '인생의 지혜를 담은 글'을 이메일로 사내 직원에게 사흘에 한 번씩 보내주고 있다. 처음에는 퇴근 후 자료를 찾고 일일이 메일로 작성하는 일이 고단하게 느껴졌다. 하지만 자신의 이메일을 받는 사람들로부터 '잘 보고 있다', '유익한 정보 감사하다'라는 답장을 받을 때면 그렇게 뿌듯하고 행복할 수가 없다고 말한다.

"처음에는 단순히 좋은 정보를 함께 공유하고 싶다는 취지에서 시작했습니다. 그런데 답장을 받고 나면 너무나 기분이 좋아요. 또한 이들이 사흘에 한 번은 꼭 나를 기억해준다고 생각하니 행복하기까지 합니다."

헤드헌팅 업체의 한 이사는 이렇게 말했다.

"회사에서도 계획된 일만 묵묵히 하는 사람보다 상사가 업무를 지시하기 전에 척척 알아서 할 뿐만 아니라 자신을 알리는 스타일을 좋아하는 추세입니다."

자신의 PR 방법으로 책 쓰기, 이색명함 돌리기 등 다양한 방법이 있다. 이 가운데 글 쓰기는 해당 분야의 전문가 이미지를 심어줄 수 있다. 그리고 자신이 쓴 책이 독자의 관심과 반향을 불러일으키면 무명 작가에서 어느새 유명인이 되기도 한다.

지인 가운데 잡지사 기자인 서 씨는 평소 요리에 관심이 많았다. 또한 그녀가 맡고 있는 분야 역시 '맛집'을 소개해 주는 일이었다. 그녀는 그동안 취재하면서 쌓은 경험과 자신의 노하우를 접목해 가정에서 저렴한 비용으로 누구나 쉽게 요리할 수 있는 실속 요리에 관한 책을 출간했다. 그녀는 별 기대 없이 출간했지만 독자들의 반응은 예상 외로 좋았다. 그녀가 책을 출간한지 2주 만에 초판이 판매되었다. 현재는 기자라는 본업 외에 작가로도 활동하고 있다. 언젠가 그녀를 만났을 때 요리에 관한 후속 책을 기획하고 있다고 알려주었다. 그러면서 그녀는 한마디 덧붙였다.

"내가 알고 있는 요리 지식을 다른 사람들에게 알려주고 뜻밖의 수입까지 들어와서 너무 기뻐요. 요즘은 신혼살림 주부를 위해서 어떤 요리 책을 써야 할지 고민하고 있어요."

그녀는 책 출간을 통해 브랜드 가치를 높일 수 있었다. 게다가 인세 수입까지 얻는 기쁨을 맛보고 있다. 몸값을 올리기 위해선 먼저 자기 자신에 대해 전문가가 되어야 한다. 여러분은 자신에 대해 얼마나 알고 있는가? 파스칼은 "인간은 자신을 알아야 한다. 설령 그것이 진리를 발견하는 데 큰 도움이 되지 않는다 할지라도 최소한 자기 생활의 질서를 잡는 데는 큰 역할을 하게 된다. 이 일 이상으로 훌륭한 일은 없다"고 말했다. 그러나 불행히도 대부분의 사람들은 자신에 대해 너무나 모르고 있다. 그 이유는 무엇일까?

자신에 대해서 진지하게 생각해본 적이 없기 때문이고, 자신을 찾는 올바른 방향이나 방법에 대해서 배워본 적이 없기 때문이다. 사색을 통해 자신과 가까워지는 시간을 가져야 한다. 처음에는 어색하게 느껴질지도 모른다. 하지만 이런 시간을 자주 갖다보면 스스로에 대해 속속들이 알게 된다. 따라서 사색의 시간은 꼭 필요하다. 자신에 대해 정확하게 알지 못하면서 자신을 채우고 단련하는 일은 불가능하다. 누구나 가야할 목적지와 가는 방법을 모른다면 아무데도 갈 수 없다. 같은 자리에서 맴돌면서 고민만 할 것이다.

자신의 브랜드 가치를 올리기 위해선 현재 서 있는 위치를 객관적으로 평가할 수 있어야 한다. 즉, 자신의 안과 밖을 객관적으로 바라보는 시간을 가져야 한다. 그러할 때 직업 세계에서 요구하는 사항을 명확하게 분석하여 올바른 접점을 찾아낼 수 있기 때문이다.

12장

브랜드 가치를
높이는
프로 정신

프로에게 있어 훌륭한 스승은 '정신적 지주'이며 정신의 본질이다. 프론티어 정신으로 무장된 프로 인재들은 언제나 남다른 생각과 '프로 정신'을 가져야 생존을 떠나 성장할 수 있다. 많은 사람들이 자신에게 프로 정신이 필요하다는 것을 알고 있지만 어떻게 고취시켜야 하는지 알지 못한다. 그렇다면 프로 정신은 어떻게 해야 고취시킬 수 있는 것일까?

자신의 일을 진정으로 좋아하고 사랑할 때 '프로 정신'을 가질 수 있다. 일을 사랑한다는 말은 자신의 직업을 존중하며 최선의 노력을 다하는 것을 말한다.

우리는 철저한 직업의식을 가진 사람을 가리켜 '프로'라고 말한다. 프로는 자신의 가치를 높이는 '나를 브랜드화 하는 방법'을 알고 있다. 때문에 어떤 사소한 일이라도 꼼꼼하고 철저하게 처리하는 습관을 지니고 있다.

"대체 '프로 정신'이 무엇입니까?" 하고 묻는 사람도 있을 것이다. '프로 정신'은 한마디로 언제나 '최선을 다하는 마음가짐'이라고 할 수 있다. 의사가 환자들을 사랑으로 대하고 가게 점원이 손님을 친절한 미소로 대하는 것이 바로 기본적인 '프로 정신'이다.

21세기는 브랜드 시대이다. 대부분의 사람은 운동화를 살 때 나이키와 아디다스를, 전자제품을 살 때는 삼성전자와 LG전자를 먼저 떠올리게 된다. 사람들의 머릿속에 깊이 각인되어 있다가 그것을 필요로 할 때 자신도 모르게 불쑥 튀어나오는 것이 무한 가치의 브랜드가 지닌 잠재적인 힘이다.

여러분은 자신의 이름 석 자에 담겨 있는 브랜드 가치로 평가받는다는 것을 잊어선 안 된다. 헤드헌터가 가장 먼저 찾는 사람들은 이미 브랜드 가치를 인정받은 사람들이다. 그동안 나는 책을 쓰면서 다양한 분야에서 일가를 이룬 사람을 많이 만났다. 시련과 역경을 넘어 꿈을 이룬 사람들과 중도에 포기하여 실패한 인생을 사는 사람들. 성공한 사람들은 어떤 일이 주어지든 최선을 다했지만 실패한 사람들은 일에 대한 불만으로 가득 차 있었고, 대충 일을 처리하는 경향이 많았다. 다시 말해 '프로 정신'이 결여되어 있었다.

'프로 정신'은 자신의 일에 대해 열정을 가질 때 생겨난다. 아무리 사소한 일이라도 책임감을 가지고 완수하는 마음가짐이 '프로 정신'이기 때문이다. 프로 정신은 한순간에 나타나지 않는다. 때문에 직장인뿐만 아니라 학생 때부터 습관화하는 것이 중요하다.

인력 채용 시 중시하는 필요 조건으로 많은 기업들이 프로 정신을 꼽았다. SK텔레콤 인력관리실은 우수한 인재의 첫 번째 요건으로 '패기'를 꼽았다. 패기는 일과 싸워서 이기는 자세를 뜻한다. 또 다른 기업에서는 '사고는 적극적인가', '행동은 진취적인가', '일 처리는 빈 틈이 없는가' 등을 평가한 다음, 어학 실력이나 지식 등을 보는 경향이 높다. 요즘 기업들은 외국어 평가 요소로 토익이나 토플을 고려하지만 참고만 하는 수준이다. 학창 시절 우등생이 직장의 우등생은 결코 아니기 때문이다.

아치볼드는 미국 스탠더드 석유회사의 말단 직원이었다. 그러나 그는 언제 어디서든 자기 이름을 쓸 일이 있거나 누구를 만나서 자신을 소개해야 할 일이 있으면 이름과 전화번호 옆에 '한 통에 4달러인 스탠더드 석유'라는 별명을 적었다.

물론 다른 동료들은 '뭐 그렇게 그 직업이 대단한 것이냐,

그렇다고 무슨 의미가 있겠느냐'라고 조롱했다. 하지만 그런 행동을 멈추지 않았다. 그러다 보니 그는 동료들 사이에 '한 통에 4달러'라는 별명으로 불리게 되었다.

어느 날 그는 캘리포니아의 작은 도시로 출장을 가게 되었다. 작은 호텔을 찾아 침대에 누워있던 아치볼드는 숙박부에 '한 통에 4달러'를 쓰고 오지 않은 것이 생각나서 다시 로비로 내려가서 숙박부를 달라고 하여 '한 통에 4달러, 스탠더드 오일'이라는 문구를 썼다. 그때 옆에서 한 신사가 아치볼드의 행동을 유심히 보고 있다가 물었다.

"왜 그 문구를 적어 넣지요?"

"예 저희 회사를 조금이라도 많은 사람들에게 알리려는 거지요. 혹시 이 호텔을 찾은 손님 가운데 갑자기 석유가 필요한 분이 계시다면 종업원들이 스탠더드 오일을 권하지 않겠습니까?"

그 일이 있고 나서 얼마 후에 아치볼드는 본사로부터 특별 초청을 받았다. 캘리포니아 호텔에서 만났던 사람이 바로 록펠러 회장이었다.

5년 후 록펠러가 사장직에서 물러나자, 아치볼드는 스탠더드 석유회사의 사장이 되었다. 그가 사장의 자리에 오를 수 있었던 것은 어떤 시련과 어려움 속에서도 '프로 정신'으로 자신의 일에 최선을 다했기 때문이다. 훗날 아치볼드는 자신의 성공 비결을 이렇게 말했다.

“내가 성공한 이유는 바로 남들이 하찮게 생각하는 일을 중요하게 생각했기 때문이다. 자신에게 특별하고 대단한 일이 주어지지 않는다는 이유로 좌절하지 말고, 항상 작은 일에도 최선을 다하라. 훗날의 성공은 바로 그 하찮아 보이는 일들로 인해 실현될 것이다.”

아치볼드의 성공은 남들이 거들떠보지도 않는 작고 사소한 일에도 ‘프로 정신’으로 최선을 다했다는 데에 있다. 영국의 추리작가 코넌 도일은 이런 말을 하였다.

“가장 좋은 것들은 조금씩 찾아온다. 작은 구멍에서도 햇빛을 볼 수 있다. 사람들은 산에 걸려 넘어지지 않는다. 그들은 조약돌에 걸려 넘어진다. 작은 것들이 곧 중요한 것이다.”

작고 사소한 일들의 성공이 쌓일 때 기회의 문이 열리기 시작한다. 그리고 마침내 까마득하게 여겨지던 바람이 현실로 눈앞에 이루어지게 된다.

휴렛팩커드(HP)의 전 회장 칼리 피오리나는 사회 초년생 시절부터 찾아오는 손님에게 커피를 내오거나 전화를 받는 하찮은 일부터 시작했다. 그러나 그녀는 보잘 것 없는 사소한 일에도 최선을 다했다.

“나는 HP 최고경영자이지만 사회 초년생 시절에는 중개업소에서 일을 시작했다. 그곳에서 내가 한 일은 고작 손님들에게 차를 내주고 전화를 받아 연결하고 타자를 쳐서 문서를 만드는 일이었다. 하찮은 일이라고 생각하겠지만 내게는 참으로 소중한 일이었다. 나는 그 일에 최선을 다했다. 그리고 상사에게 사람을 잘 뽑았다는 소리를 듣고 싶었다. 나는 늘 이렇게 생각했다. '큰일을 하기 위해 이런 하찮은 일도 필요하다. 다른 건 생각하지 말고 지금 주어진 일만 생각하고 최선을 다하자. 이것은 나를 실험하는 것이고 내게 기회를 주기 위한 과정이다.' 그렇게 생각했기에 지금의 이 자리에 내가 있을 수 있었다."

어디에서 자신에게 어떤 일이 주어지더라도 최선을 다해야 한다. 그 일을 나보다 더 잘하는 사람이 없을 만큼 잘할 때 다른 사람에게서 능력을 인정받게 된다.

아무리 능력이 출중하더라도 '프로 정신'이 부족한 사람은 인정받지 못한다. 사소한 실수가 결정적인 순간에 발목을 붙잡기 때문이다. 프로 정신이 부족한 사람은 아직 가공되지 않은 다이아몬드와 같다. 다이아몬드는 가공되어야 진정한 보석의 가치를 인정받을 수 있듯이 '프로 정신'을 지닌 사람은 어디서나 그 정신을 발휘하여 인정받게 될 것이다.

2부

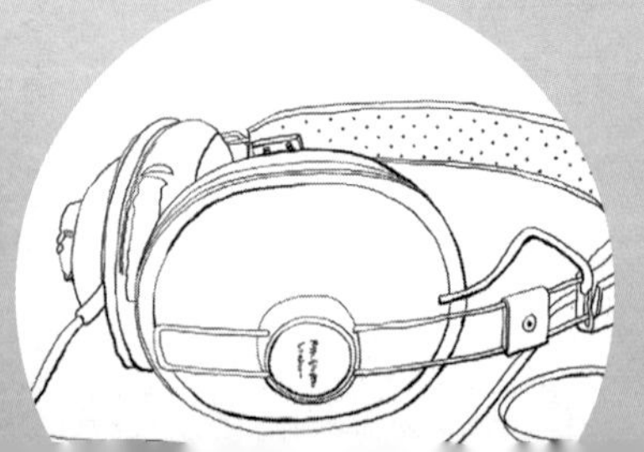

★

나의 길을
위한
12가지 키워드

"인생은 가장 가난한 사람이라도 자랑할 수 있는 선물이며,
가장 가난한 사람이라도 최대한으로 이용할 수 있는 선물이다.
갇혀 숨어 있지 말고 나와서 매시간 인생을 살아라. 가능한 한
인생을 많이 이용하라. 벽장 속이나 구석에 두지 마라. 그대는 인
생을 사용함으로써 인생의 아름다움이 증가함을 알게 될 것이다."

—애드가 앨버트 게스트

1장

도전,
우물 안 개구리에서
벗어나기

고정관념은 자신을 우물 안 개구리로 만든다. 우물 안 개구리는 드넓은 들판과 숲, 푸른 바다를 알지 못한다. 단지 우물 위로 보이는 하늘이 세상의 전부라고 착각하게 된다. 우물 안에 갇혀 있어서 절대로 바깥세상이 있다는 것과 그곳에 더 많은 기쁨과 즐거움, 환희가 있다는 것을 알지 못한다. 따라서 고정관념은 편협한 사고를 가지게 한다. 편협한 사고로는 원대한 꿈과 목표를 결코 이룰 수 없기에 성공하기 위해선 고정관념을 버려야 한다.

편협한 사고는 썩은 동아줄과 같다. 썩은 동아줄은 매달리기도 전에 끊어지고 만다. 성공을 위해선 썩은 동아줄이 아닌 새 동아줄을 잡아야 한다. 새 동아줄이 바로 열려 있는 사고의 세계이다. 사고가 열려 있을 때 자신에게 오는 기회와 정보를 취득할 수 있다.

6대 이상을 켄터키 산악 지방에서 살아온 산사람 가족이 있다. 이 가족은 대대로 조상의 발자취를 따라 살면서 눈에 띄는 정신적 진보를 이루지 못한 채 살아가고 있었다. 들은 농사로 생계를 이으며 레처 카운티라는 좁은 땅덩어리를 우주 전체로 여기며 살았다. 결혼도 지역에서 비슷한 환경의 사람과 하였다. 그러다가 이 가족 중의 한 사람이 이웃 버지니아 주 출신의 교육을 받고 교양을 갖춘 여자와 결혼하게 되었다.

여인은 우주가 레처 카운티 경계선 너머까지 펼쳐져 있으며 최소한 남부의 주 전체를 포함한다는 사실을 알고 있는 사람들 가운데 한 명이었으며 또한 화학, 식물학, 생물학, 병리학, 심리학 같은 교육 분야의 중요한 과목에 대해서도 깊은 지식을 갖추고 있었다.

그녀는 아이들이 어른의 말을 이해할 수 있는 나이가 되자 이런 과목에 대해 이야기해 주었다. 그러자 시간이 지나면서 아이들은 그것들에 대해 뜨거운 관심을 보이기 시작했다. 훗날 그녀의 자식들 중 한 명은 그 과목을 비롯한 다른 많은 학문을 가르치는 큰 대학의 총장이 되었다. 또 한 명은 법조인이 되었고, 다른 한 명은 훌륭한 의사가 되었다.

그녀의 남편은 아내의 정신적인 영향력 덕택에 유명한 치과의사가 되었다. 그리하여 6대를 이어져 내려온 가문에서 최초로 전통이라는 속박에서 벗어날 수 있었다.

대부분의 사람은 고정관념에서 벗어나지 못해 항상 같은 곳에 머물러 있다. 대중이 가는 길을 이용하면 안전하기 때문이다. 반대로 그 누구도 가지 않은 새로운 길을 가려면 두려움에 휩싸이게 된다. 하지만 더 나은 삶으로 이끌어 주는 기회는 두려움이 가득한 새로운 길에 있다는 것을 아는가?

현재보다 나은 미래를 바란다면 현실에 안주하면 안 된다. 두렵더라도 새로운 모험에 도전해야 한다. 여러분 가운데 이렇게 반문할 수도 있을 것이다.

"괜한 모험을 하다가 지금 가지고 있는 것마저 잃어버릴 수도 있잖아요?"

꼭 그렇지만은 않다. 인생은 한 쪽 문이 닫히면 새로운 문이 열리기 때문이다. 만일 그렇지 않다면 어떻게 그토록 많은 성공한 사람들이 탄생할 수 있었을까? 우리는 지금 가진 것에 대한 집착보다는 현실에 안주하려는 마음가짐을 더욱 두려워해야 한다.

1950년대에 영국의 배 한 척이 스코틀랜드의 한 항구에 정박하였는데 포도주를 운반하는 배였다. 배가 항구에 도착하자 선원들은 모든 포도주를 내리기 시작했다. 그리고 마지막에 한 선원이 모든 짐이 다 내렸는지 확인하기 위해 냉동 창고 안으로 들어갔다. 이때 다른 선원이 창고 안에 사람이 있다는 것을 모른 채 밖에서 냉동실 문을 닫아버렸다. 안에 갇힌 선원 한 명은 있는 힘을 다해 문을 두드렸지만 아무도 그 소리를 듣지 못했다.

배는 다시 바다를 향해 출발하였다. 선원은 냉동 창고를 둘러보았다. 냉동실 안에는 먹을 것이 많이 있었다. 그러나 선원은 자신이 곧 얼어 죽게 될 것이라고 생각했다.

그는 바닥에서 쇠꼬챙이 하나를 집어 들고 시간별로 자신이 겪은 죽음의 고통을 적어 나갔다. 먼저 손가락과 발가락이 얼어갔다. 이윽고 코와 귀가 얼기 시작했고 냉기는 폐부를 찌르기 시작했다. 선원은 온몸이 하나의 얼음 덩어리로 변해 가는 과정을 기록했다. 배가 목적지에 도착했을 때, 결국 그는 얼어 죽은 상태로 발견되었다.

사람들은 벽에 빽빽이 써놓은 고통의 기록을 읽었다. 그러나 정말 놀라운 일은 그 기록이 아니었다. 뜻밖에도 사람들은 냉동 창고 안이 따뜻하다는 것을 알았다. 즉시 냉동 창고 안의 온도를 재어 보니 온도가 무려 섭씨 19도 였다.

스코틀랜드에서 회항하는 동안 냉동 창고 안에 어떤 짐도 싣지 않았기 때문에 냉동 장치를 가동하지 않은 것이다. 그는 자신이 머릿속에 그린 상상 속에서 죽었던 것이다.

고정관념은 잠재력을 파괴하는 암적인 존재이다. 고정관념에 사로잡힌 사람은 색안경 쓰고 있는 사람이다. 고정관념은 줄곧 한 방향으로만 사고의 뿌리를 내리기 때문에 다른 쪽의 가능성이나 희망을 보지 못하게 가로막는다.

서커스단에 가보면 코끼리가 가는 쇠사슬에 발목이 묶여져 있는 것을 볼 수 있다. 그런데 이상한 것은 코끼리 발목에 묶인 끈은 코끼리가 쉽게 끊을 수 있을 정도로 약하다는 것이다. 그러나 코끼리는 어릴 적부터 쇠사슬로 묶인 채 길들여져 있기 때문에 코끼리는 항상 "나는 이 쇠사슬을 끊을 수 없어"라는 고정관념에 사로잡혀 있다. 이 때문에 어른 코끼리가 되어도 쇠사슬을 끊을 수 없는 것이다.

고정관념에 빠져 있는 사람은 서커스단의 코끼리와 다를 바 없다. 그동안 세상에 수많은 사람들이 고정관념에 사로잡혀 자신의 꿈을 이루지 못한 채 불행한 삶을 살다 갔다.

우리는 자신을 지배하고 있는 고정관념에서 과감하게 벗어나야 한다. 처음에는 불안하고 두려울지 모른다. 하지만 계속 노력한다면 어느 순간 오랫동안 자신을 짓누르던 고정관념을 벗어나 자유를 누릴 수 있을 것이다. 무엇보다 고정관념에서 벗어나 새로운 사고를 받아들일 때 더 높은 곳으로 비상할 수 있다.

2장

자신감,
나만의 꿈을 이루어주는
황금열쇠

"신은 용감한 자를 돕는다."

독일의 시인 실러가 남긴 말이다. 그가 말한 용감한 자는 자신감으로 충만한 사람이다. 자신감이 강한 사람은 그 어떤 것도 두려워하지 않는다. 자신에게 그 일을 해낼 능력이 있다고 확신하기 때문이다.

우리가 가장 경계해야 할 것은 바로 두려움이다. 두려움은 사람들의 꿈과 희망을 앗아가고 벼랑 아래로 떨어뜨린다.

"나는 절대로 그 일을 해낼 수 없을 거야."

“나는 특별한 사람이 아니야.”

이렇게 말하는 사람의 마음속에는 번뇌의 두려움으로 가득 차 있다. 그래서 어떤 일을 하기도 전에 초조하고 불안해하는 것이다. 결국 자신이 잘할 수 있는 일조차 손도 써보지 못한 채 포기하고 만다.

한 유명한 배우가 어릴 때 심한 열등감 때문에 무척 고통을 받았다. 그는 친구들에게 바보 취급을 받을 때 너무나 고통스러웠다. 친구들의 따돌림을 두려워한 나머지 스스로 자기는 그들만큼 똑똑하지 못하다고 세뇌했다.

혼자 있을 때는 대담한 행동을 취하다가도, 공적인 장소에 나오기만 하면 자신을 잃고 말았다. 소심했던 그였지만 배우가 되겠다는 소망을 품고 갖은 고생 끝에 배우가 되었다.

어느 날 드라마 연출가가 적극적이면서도 용기 있는 인물 배역을 그에게 맡겼다. 그때 맡은 배역이 그를 일류 배우로 발돋움하는 계기기 되었다. 그는 자신의 성격과 다른 그 배역이 자신의 인생을 바꾼 첫 번째 기회였다고 말했다.

“그 역을 밤마다 연기함으로써 내 속에 변화가 일어난 것입니다. 용기에 충만한 인물을 연기함으로써, 무대를 내려온 뒤에도, 내게는 아직도 하지 않으면 안 될 일들이 많다는 것을 알게 되었습니다. ‘내가 연기한 인물이라면 어떻게 대처했을까?’ 하고 생각하면서 그대로 행동했습니다. 무대에서 연기한 인물의 행동 양식이 그대로 실제 생활에서도 이어졌고, 날마다 그 인물의 성격을 모방했습니다. 덕분에 지금은 누가 무슨 말을 하든 전혀 아무렇지 않을 만큼 자신감과 용기를 가질 수 있게 되었습니다. 내가 취한 방법은 대성공이었다고 믿습니다.”

원대한 꿈을 가지고 있는 사람에게 가장 필요한 것은 자신감이다. 자신감은 꿈을 향해 힘차게 전진하게 해주고 때로 시련에 넘어지더라도 다시 일어서게 한다.

대부분 능력이 부족해서 실패하는 것이 아니라 자신감이 부족하기 때문이다. 그들은 성공보다 먼저 실패를 상상하기 때문에 자신의 능력을 십분 발휘하지 못한다. 때문에 자연스레 모든 계획이 한순간 도미노처럼 무너지는 것이다.

“전화로 영업을 하니까 일이 별로 어렵지도 않고 또한 정시에 출퇴근을 할 수 있어 저 같은 주부 직업으로는 아주 적합한 것 같아요.”

내가 최근에 만났던 사람 중에 보험 회사에 다니는 김미라 씨의 말이다. 김 씨는 고등학교에 다니는 아들을 둔 평범한 가정주부이다. 평소 자녀의 사교육비 부담이 너무 커서 남편이 받아오는 월급으로 충당하기에는 무리라는 생각이 들었다. 나름대로 취직을 하려고 여러 회사에 이력서를 내봤지만, 기혼자와 나이가 많다는 이유로 취업할 기회가 주어지지 않았다.

그러던 중 우연한 기회에 그녀는 보험 회사 텔레마케터로 입사하게 되었다. 처음 입사 당시에는 텔레마케터라는 직업이 무엇인지도 제대로 알지 못했기 때문에 두려움이 컸다. 하지만 그런 두려움도 차츰 시간이 흐르면서 본인의 노력에 따라 매월 수백만 원 이상의 고소득을 기대할 수 있다는 기대감에 업무가 즐거움으로 변해 갔다.

그녀는 매월 고정 기본급과 실적에 따라 주어지는 성과금을 합하면 남편 월급보다 많아 일에 대한 보람도 느끼면서 행복하다고 말했다.

요즘은 20대 미혼 여성의 전유물처럼 여겨졌던 텔레마케터란 직업에 많은 주부들이 몰려드는 추세이다. 찾아보면 아직까지 사회 곳곳에는 일할 곳이 많이 있다. 다만 사람들이 자신의 능력과 적성을 파악하지 않은 채, 자꾸만 여건이 좋은 일자리만을 기웃거리기 때문에 찾을 수 없는 것이다.

현재 김 씨는 사내에 명성이 알려져 신입 텔레마케터 교육 강사로도 활동하고 있다. 김 씨는 오늘 하루도 활짝 웃으며 이렇게 말한다.

"바쁜 고객을 상대로 전화하다 보면 실제 통화 시간이 굉장히 짧아요. 그 짧은 시간에 고객을 감동시킬 수 있는 자신만의 노하우가 가장 중요합니다."

스스로의 노력으로 자신감은 얼마든지 키울 수 있다. 사람은 누구나 불완전한 존재라는 것을 인식하고 모든 일은 자신의 마음먹기에 따라 달렸다는 것을 잊지 말아야 한다.

20세기 프랑스의 대표적인 지휘자 피에르 몽퇴는 85살의 나이로 런던 교향악단의 종신 지휘자가 되었다. 그가 처음 단원 앞에서 지휘봉을 들고 연습을 지도할 때 단원들은 기대에 가득 찬 눈으로 노장 지휘자를 바라보았다.

그러나 오케스트라의 연습이 진행될수록 단원들은 술렁이기 시작했다. 음악의 흐름에 따라 지휘자는 몸의 움직임과 얼굴의 표정으로 단원들을 지휘하는 것이 보통인데, 몽퇴는 팔을 크게 움직이거나 얼굴에 어떤 특별한 표정을 띠지도 않았다. 또 솔로로 악기를 연주하고 있을 때는 지휘봉을 조금도 움직이지도 않았다. 몇 명의 단원이 틀린 음을 내는데도 연습을 중단시키지 않을 뿐 아니라 별다른 지도를 하지 않는 것이었다. 특히 단원들은 지휘자가 자신들의 눈을 마주치지 않으려고 하는 것이 더욱 못마땅했다. 그들은 몽퇴가 너무 연로해서 더 이상 지휘를 할 수 없다는 생각이 들었다.

연습을 마친 단원들은 불안한 마음으로 나이든 단원 한 명을 그에게 보내 이야기를 해보도록 했다. 그 단원이 몽퇴에게 단원들의 불만을 털어놓자 빙그레 웃으며 이렇게 말했다.

"내게는 몇 가지 지휘 원칙이 있소. 몸을 과장되거나 불필요하게 움직여서는 안 되고, 연주자가 솔로로 연주할 때나 어려운 부분을 연주할 때는 연주자를 뚫어지게 쳐다보아 주눅이 들거나 기분을 상하게 해서는 안 되오. 또 연습 중에 누군가가 틀렸다고 해서 지휘봉을 두드리며 요란하게 야단치느라 연주를 멈추게 해서는 안 된다고 생각하오.”

그러고 나서 한 마디를 덧붙였다.

“자네들이 중요한 것을 잊고 있는 것이 있네. 나는 자네들을 따라갈 생각은 전혀 없다네. 그러므로 자네들은 나를 따르지 않으면 안 된다는 사실이야.”

이것은 지휘자만이 가질 수 있는 자신감이었다. 몽퇴가 이런 자신감을 가지고 있었기 때문에 53년 동안 지휘봉을 놓지 않은 훌륭한 지휘자가 될 수 있었다.

여러분이 꿈을 이루도록 도와줄 파트너는 자신밖에 없다. 따라서 강한 자신감으로 무장해야 한다. 가장 잘할 수 있는 일에 주저하지 말고 시도해보자. 자신감은 어려움 속에서도 많은 기회를 가져다줄 것이다. 먼저 실패를 생각하기보다 시련을 극복하고 원하는 것을 이루어낸 각자의 모습을 상상해보자. 할 수 있다는 굳은 신념으로 주저하지 않고 시도한다면 충분히 해낼 수 있다.

3장

행동,
마음먹기에 따라
세상을 바꾼다

꿈이 있는 사람은 반드시 행동가가 되어야 한다. 자신이 설계한 원대한 꿈과 목표에 행동이 뒷받침되지 않는다면 결코 이룰 수 없다. 미국의 30대 대통령 캘빈 쿨리지는 행동에 대해 이렇게 말했다.

"세상의 어떤 것도 강한 의지를 대신할 수 없다. 사람은 재능만으론 성공할 수 없다. 성공하지 못한 사람들이 공통적으로 갖고 있는 것 중 하나가 바로 재능이다. 천재성만으로도 안 된다. 천재이면서도 평범한 삶을 사는 사람은 어디에나

있다. 끈기 있는 노력과 강한 의지력만이 전능한 힘을 갖고
있다.”

씨앗을 뿌리지 않은 밭에선 아무것도 기대할 수 없고 잡초
만 무성할 뿐이다. 밭에다 씨앗을 뿌려야겠다는 생각은 계획
에 해당한다. 그리고 씨앗을 뿌리는 일은 계획을 이루기 위
한 적극적인 행동이다. 행동이 따르지 않는 계획은 쳐다볼
수는 있으나 정작 먹을 수 없는 그림의 떡과 같다.

스티븐 스콧의 『스티븐 스콧의 꿈을 실현하는 사람들의 15
가지 성공 비결』이라는 책에 실려 있는 성공한 사람들 가운
데 세계적으로 성공한 빌 게이츠, 스티븐 스필버그, 오프라
윈프리 역시 처음엔 그저 평범한 사람에 지나지 않았다. 저
자 스티븐 스콧도 대학 졸업 후 아홉 곳의 직장에서 해고를
당하거나 사표를 쓴 낙오자였다.

그러나 그는 1976년에 여섯 명의 동업자와 자본금 5,000달
러로 사업을 시작했다. 사업은 순식간에 놀라울 정도로 매출
액 수십 억 달러에 달하는 미국의 대표적인 마케팅 그룹으로
우뚝 올라섰고, 「포춘」지가 선정하는 500대 기업으로 성장
했다.

또한 스티븐 스콧은 실패를 딛고 성공하기까지 자신의 경
험과 비결을 담은 이 한 권의 책으로 밀리언셀러 작가가 되었
다. 그러나 1976년 당시 그에게 억만장자 CEO와 밀리언셀러
작가는 모두 불가능한 꿈이었다.

그는 스티븐 스필버그, 토머스 에디슨, 헨리 포드, 빌 게이츠 등 세계에서 가장 성공한 사람들과 자신에게 공통점이 있다는 것을 발견했다. 그때부터 자신의 경험과 그들의 공통된 성공 비결을 바탕으로 꿈을 향한 행동으로 옮겼다. 이것이 바로 오늘날 자신을 성공이라는 정상에 설 수 있게 해주었다.

성공으로 가는 과정은 많은 사람들이 쉽게 포기할 만큼 험난하고 힘든 과정이다. 하지만 적극적인 행동이 뒤따른다면 그리 힘겨운 일만도 아니다. 성공을 위한 설계도를 그려보고 강한 용기와 신념으로 적극적인 행동으로 나아가야 한다. 대부분이 시작하고 2주나 한 달이 되면 나태해지고 계획을 제대로 실천하지 못한다. 딱 한 달만 자신과의 싸움에서 승리할 수 있다면 그 다음의 계획과 과정은 어렵게 생각하지 않을 것이다. 그 어떤 일도 스스로 포기하지 않는 한, 반드시 정상에 설 수 있다.

미국에서 가장 유능한 은행가 중 한 명인 프랭크 밴더립이 뉴욕시의 시티뱅크에서 일하게 되었다. 그는 과거의 실적과 능력을 인정받아 처음부터 평균 수준이 넘는 연봉을 받을 수 있었다. 거기에다가 고급 마호가니 책상과 안락의자가 갖춰진 개인 사무실이 주어졌고, 책상 위에는 바깥에 있는 비서를 부를 수 있는 버튼까지 설치되었다.

첫날은 아무 업무도 주어지지 않고 그냥 지나갔다.

둘째 날, 셋째 날, 넷째 날도 마찬가지였다. 그를 찾아오거나 말을 거는 사람조차 없었다. 그렇게 주말이 가까워지자 그는 조금씩 불안해지기 시작했다.

다음 주에 밴더립은 사장실로 찾아가서 이렇게 말했다.

"사장님, 연봉은 많이 주시면서 특별히 할 일이 없으니 마음에 신경이 쓰입니다."

사장은 반짝거리는 날카로운 눈으로 그를 올려다보았다. 밴더립은 자신의 생각을 사장에게 말했다.

"특별히 하는 일 없이 앉아 있는 동안 우리 은행의 사업을 확장할 계획을 세워보았습니다."

사장은 궁금한 표정으로 무슨 계획인지 물었다.

"채권 일에 종사했던 경험을 살려 우리 은행에 도움이 될 계획을 구상 중이었습니다. 채권 부서를 만들고 채권 광고를 낼 것을 건의합니다."

밴더립의 말에 사장은 벌컥 화를 내며 말했다.

"뭐라고요? 우리 은행이 광고를 해? 우리 은행은 지금까지 단 한 번도 광고를 한 적이 없어요. 앞으로도 광고 없이도 유지할 수 있었어요."

"그럼 지금부터라도 광고를 시작하십시오. 우리 은행의 첫 광고는 제가 기획한 채권부에 관한 것이 될 것입니다."

결국 시티뱅크는 밴더립의 뛰어난 아이디어와 과감한 실천력에 의해 고객에게 좋은 이미지를 심어주었을 뿐 아니라 몇백 배의 이윤을 얻을 수 있었다.

고여 있는 물은 어떤 힘도 쓸 수 없다. 하지만 흐르는 강물은 인간도 감당하지 못할 만큼의 엄청난 힘을 발휘한다. 그렇듯이 아무리 크고 장대한 계획을 세웠다 하더라도 행동하지 않으면 아무런 소용이 없다.

주위에는 말로만 어떤 일을 하겠다고 다짐만 하는 사람들도 있다. 과연 그들이 계획했던 일을 성취할 수 있을까? 대부분 행동으로 옮기지 않는 공허한 계획을 가슴에 담고 살아간다. 이들은 계획만 세우다가 소중한 인생을 허비하고 있는 것을 깨닫지 못하고 있다.

4장

밑그림,
아름다운 자화상을
위한 준비

성공한 사람은 평소 성공을 이룬 자신의 모습을 그렸다. 그들이 남 부러운 성공을 이룬 것은 먼저 성공이라는 밑그림을 그렸기 때문이다. 그들이 그린 밑그림은 성공한 자화상이었다. 늘 마음속에 그런 자화상을 담고 있었기 때문에 이미 성공한 사람과 같은 모습을 유지할 수 있었다. 그리고 마침내 성공을 현실로 만들 수 있었다.

성공한 사람들 중 대부분은 누구보다 어려운 시절을 보냈고 가난이 주는 고통을 맛보았다. 혹시 이 말에 어떤 사람은 이렇게 물을지도 모른다.

"말도 안 되는 소리하지 마세요. 어떻게 평범한 사람이 성공할 수 있나요?"

"그렇다면 나보다 더 어려운 시기를 보낸 그들은 성공했는데, 왜 나는 실패만 합니까?"

한 가지 확실한 것은 이런 질문을 던지는 사람 중에 대다수가 실패한 자화상을 그리는데 길들여져 있다. 그들은 남들의 성공을 부러워할 줄만 알았지, 자신도 그런 성공을 이룰 수 있다는 것을 전혀 깨닫지 못한다. 그래서 그들은 '어떻게 하면 성공할까?' 보다 '어떻게 하면 실패할까?' 하는 실패한 자화상에 익숙해져 있기 마련이다.

또한 이들은 성공한 사람과 실패한 사람의 차이점을 알지 못한다. 단지 그들이 자신들보다 능력이 뛰어나거나 좋은 배경을 가졌을 거라고 추측할 뿐이다. 하지만 이런 생각은 잘못된 생각일 뿐이다. 앞에서 말했듯이 대부분의 성공한 사람은 어린 시절부터 온갖 고생을 밥 먹듯이 한 사람이다. 그럼에도 불구하고 그들은 어떤 시련에도 꿈을 향한 강한 믿음을 놓지 않았다. 그들은 힘들 때마다 자신의 성공한 자화상을 더욱 선명하게 그렸다.

지금 성공의 반열에 끼지 못한 대부분의 사람은 어떨까?

어떤 일을 하기 전에 먼저 '잘할 수 있을까?' '실패하면 많은 사람들이 비웃을 텐데…', '난 항상 운이 따르지 않았어'

라는 실패한 자화상을 지니고 있다.

많은 사람들은 이런 경험을 했을 것이다. 한 번도 해본 적이 없는 일을 친구나 직장 동료에게 부탁을 받았을 때, 긍정적인 생각보다 부정적인 생각에 휘둘리게 된다. 그 결과 온갖 핑계를 대서라도 그 일을 회피하려고만 했던 기억. 이와 같이 부정적인 모습들이 하루하루 머릿속에 축적된다고 생각해 보자. 자신도 모르게 실패자가 되고 만다.

성공하는 인생을 살기 위해선 '성공한 자화상'을 가지는 것이 중요하다. 성공한 자화상이란, 성공을 이룬 미래의 자신의 모습을 말한다. 이는 자신에게 용기를 줄 뿐 아니라 열정이 솟아나게 해준다.

틈틈이 성공한 사람이 쓴 자서전이나 자기계발에 관한 책을 읽어보라. 성공에 이르는 길을 몰라 혼자서 전전긍긍하는 것보다 훨씬 빨리 성공할 수 있다. 긍정적인 마음가짐으로 날마다 성공하는 자화상 그리기를 습관화한다면 성공을 향한 가속 페달을 밟게 된다.

사람의 자화상은 보통 두 종류로 나눌 수 있다. 부정적인 자화상을 가진 사람과 긍정적인 자화상을 가진 사람이다.

미국 미에오 틀리닉에서 30년 동안 연구한 보고 내용이 있다. 지난 1962년부터 1965년까지 그곳을 방문한 사람들을 대상으로 MMPI미네소타 다변적 인성검사를 했다. MMPI에 모두 389명이 참여한 이 검사는 검사자가 과연 어떤 생각과 자화상을 가지고 있는지에 대한 것이었다. 그리고 만약 부정적인 사람이라면 그 부정의 척도가 어느 정도인지 대하여도 조사했다. 30년이 지난 후 그들의 삶을 추적해본 결과, 다음의 결론을 얻었다.

'부정적인 생각과 자화상을 가진 사람은 긍정적인 사고를 가진 사람들보다 일찍 죽었다. 자신들이 생각했던 대로 실패자의 삶을 살고 있었다. 반면에, 긍정적인 생각과 자화상을 가지고 있는 사람들 중 대부분은 성공한 인생을 살았거나 살고 있었다.'

우리는 하는 일마다 꼬이는 '머피의 법칙'에 대해 알고 있다. 머피의 법칙도 알고 보면 실패한 자화상과 관련이 깊다. 부정적인 자화상을 그렸기 때문에 피하고 싶었던 일이 자신의 주변에서 일어나게 되는 것이다.

유난히 실패한 자화상에 사로잡혀 있는 사람이 있다. 이런 사람은 오랜 시간동안 부정적인 환경에 의해 생각까지 어둡게 바뀐 것이다. 이런 사람은 습관적으로 말한다.

"난 못해, 해도 안 될 거야."

"그걸 내가 어떻게 할 수 있겠어?"

습관적으로 내뱉는 부정적인 말은 무의식적으로 행동에까지 영향을 미친다. 이런 부정적인 행동이 쌓여 부정적인 인생, 실패한 인생을 살 수밖에 없다.

사람들은 실패한 자화상을 바꾸기 위해서 나름대로 노력

하지만 며칠 만에 포기하고 만다. 오랫동안 몸에 배인 부정적인 습관을 단 며칠 만에 수정하는 것이 생각보다 힘들기 때문이다. 이는 하루아침에 태산을 옮기겠다는 말과 같다.

김영삼 전 대통령은 어린 시절에 공부하는 책상 앞에 장래에 대통령이 될 것이라고 붙여놓았다고 한다. 단지 책상 앞에 자신의 꿈을 적은 종이를 붙여놓는다고 해서 저절로 꿈이 현실이 되는 건 아니다. 그러나 그렇게 함으로써 한 번 더 자신의 의지를 확고히 할 수 있을 뿐 아니라 부정적인 사고를 긍정적인 사고로 전환할 수 있다.

성공한 사람은 하나같이 부정적인 생각의 스위치를 내려놓은 사람이다. 그 대신 마음속에 항상 'I can do it 할 수 있다'는 긍정적 생각의 스위치를 밝게 켜 놓았던 사람이다.

영어 단어에 'impossible'이라는 단어가 있다. 이 단어에 점 하나를 찍으면 '불가능하다' 라는 뜻이 마술처럼 '나는 할 수 있다' 라는 단어로 변한다. 우리가 가져야 할 자세는 바로 'I'm Possible' 의 정신이다.

5장

신뢰,
사람과 사람 사이에서
피어나는 꽃

직장에서 최 대리는 업무 처리를 언제나 한꺼번에 몰아서 처리하는 버릇이 있었다. 어느 날 그는 며칠 전 상사가 지시한 일을 까맣게 잊고 있었다는 것을 알게 되었다. 부랴부랴 상사가 지시한 서류를 작성하였다. 일을 하면서 최 대리는 지시한 일이 자신의 능력 밖이라는 것을 알았다.

어쩔 수 없이 그는 동료 이 대리에게 부탁했다. 그러자 이 대리는 자신의 일이 바쁜데도 불구하고 스스럼없이 도와주었다. 덕분에 최 대리는 무사히 지시한 업무를 처리할 수 있었다. 그리고 몇 달이 지난 어느 날이었다. 이 대리가 최 대리에게 다가와 다급하게 말했다.

"최 대리, 괜찮다면 나 좀 도와줘. 내일까지 신상품 프로젝트에 대한 보고서를 올려야하거든."

그러나 최 대리는 심드렁하게 대꾸했다.

"어떡하지? 오늘 급한 약속이 있어서 말이야."

사실 최 대리는 퇴근 후 어떤 약속도 없었다. 단지 몸이 피곤해서 일찍 들어가 쉬고 싶었기 때문이었다. 그 후로 이 대리는 최 대리에게 어떤 부탁도 하지 않았다.

우리는 세상을 사는 한 누군가로부터 끊임없이 도움을 받는다. 그러나 대부분 도움을 받을 당시에는 너무나 고맙게 생각하지만 시간이 지나면서 잊어버리고 만다. 누군가로부터 도움을 받았다면 절대 잊지 말아야 한다. 이는 스스로 좋은 사람을 내치는 격이다. 세상에 사람보다 더 귀한 재산은 없다. 세상의 어떤 성공도 사람을 통하지 않고 이루어낼 수 없기 때문이다.

화장실 들어갈 때와 나올 때의 마음이 달라선 안 된다. 이런 마음가짐은 스스로 자신의 인격을 훼손하는 것과 다를 바 없다. 누군가에게 도움을 받았으면 진심으로 고마워해야 한다. 사실 상대방에게 감사함을 전하는 것에 돈이나 큰 힘이 들지 않는다.

"그날 정말 고마웠어."

"선생님이 덕분에 일이 잘 해결되었습니다."

이런 한 마디 말로 고마움을 표시해도 충분하다. 만약에 자신이 상대를 도울 수 있다면 이보다 더 큰 고마움의 표시는 없을 것이다. NBA에서 활약하면서 '농구 황제'라 불렸던 미국의 농구선수 마이클 조던이 시카고 불스에 처음으로 입단하기 전에 그는 몹시 가난했다. 어느 날 그는 시카고로 초청받고도 항공비가 없어 비용을 마련하느라 동분서주했다. 그리고 힘들게 마련한 비용으로 시카고 공항에는 내렸지만 경기장까지 가기 위한 차비는 남아있지 않았다. 그는 지나가는 택시를 세워 이렇게 말했다.

"저는 마이클 조던이란 농구 선수입니다. 지금부터 시카고 불스 구단에서 뛰게 되었지만 당장 그곳까지 갈 택시 요금이 없습니다. 그러니 그냥 좀 태워다 주시면 잊지 않고 나중에 꼭 갚겠습니다."

모두들 그를 보며 미친놈이라고 욕을 하며 태워주지 않았다. 돈 한 푼 없을 뿐만 아니라 험악한 흑인을 태워줄 사람은 아무도 없었다.

조던은 몇 시간을 택시 잡기에 시달린 나머지 기진맥진한 모습이었다. 그러나 그는 결코 포기하지 않고 마지막으로 어느 택시 기사에게 간곡히 부탁했다. 그 말을 들은 택시 기사는 친절히 조던을 시카고 불스 경기장까지 태워다 주었다.

조던은 도착해서 자신을 태워준 택시 기사에게 이렇게 말했다.

"지금 택시 요금을 드릴 돈이 없지만 훗날 최고의 선수가 되어 꼭 갚도록 하겠습니다."

그 말을 들은 택시 기사는 빙그레 웃으며 말했다.

"시카고를 위해 좋은 경기를 보여주세요. 제가 당신의 첫 번째 팬이 되어 드리지요."

말을 마치자 택시 기사는 어디론가 사라졌다.

그 후 조던은 경기장에서 멋진 플레이로 택시 기사에게 보답했다. 그리고 시간이 흐르면서 많은 돈을 벌기 시작했다. 그러자 잊지 않고 시카고에서 자신을 태워준 택시 기사를 찾으려고 애썼다. 그는 경기가 종료된 이후 언론과의 인터뷰 때마다 자신을 태워준 마음씨 좋은 택시 기사를 거론했다. 결국 노력 덕분에 두 사람은 마침내 웃으며 만날 수 있었다.

'오늘 작은 일에 감사할 줄 아는 사람은 내일을 바라보는 미래의 눈을 뜨고 사는 것이다.'

자신이 가진 것에 만족하는 것, 누군가로부터 받은 은혜를 잊지 않는 것, 이 두 가지는 즐겁고 행복한 인생을 살기 위해선 꼭 필요하다. 특히 작은 것에 만족하고 은혜를 잊지 않는 사람에게서 아름다운 인간미를 느낄 수 있다.

6장

봉사,
자신을 사랑하는
방법

모든 사람은 진정으로 행복하기를 소망한다. 그 행복 속에서 가치 있는 삶을 살기를 바란다. 그래서 남들보다 더 많이 배우고 좋은 직장에 취직하려 안간힘을 쓴다. 때론 함께 믿고 의지했던 동료를 짓밟고 올라서기도 한다. 남들보다 앞서야 진정 행복할 수 있다고 믿기 때문이다.

대부분 파랑새를 찾듯이 쉽게 행복을 찾으려 한다. 재물이 부유한 계층의 사람은 보석이나 값비싼 물건을 구입해 남들에게 자랑하곤 한다. 또한 값비싼 외제 자동차로 타고 다니머 더 넓은 호화 저택을 구입하여 꾸미고 살기도 한다. 하지만 그런다고 해서 진정한 행복의 의미를 느낄 수 있는 것은 아니다. 오히려 그 가운데도 마음속은 더욱 공허해질 뿐이다. 가진 것이 없거나 부족한 사람에게는 부자가 많이 배우고 가졌기에 행복하리라고 생각할 수도 있을 것이다. 이것은 단지 외적으로 보이는 물질적인 재물의 소유에 지나지 않는다. 따라서 많은 것을 가지고 소유하여도 만족의 끝이 없고 진정한 마음의 평화가 없이 공허감을 느낀다.

자신이 불행하다고 말하는 사람에게는 공통점이 있다. 자기 자신을 있는 그대로 사랑하지 않고 항상 다른 사람과 비교하며 작은 것에 감사하지 않고 불만을 터뜨린다는 것이다.

"나는 왜 키가 작을까?"

"정말 나는 못생겼어."

"누가 나 같은 사람을 좋아해 주겠어."

자신의 단점만 생각하기 때문에 불행하게 여겨진다. 반대로 자신의 강점을 찾고 강화한다면 어떨까? 자신도 충분히 매력적이라는 생각에 자기애를 느낄 수 있다.

"나에겐 좋은 친구들이 많아."

"내겐 직장도 있고 나를 사랑해주는 가족도 있어."

"이 정도면 뭐 빠지지 않는 얼굴이야."

이런 생각은 스스로에게 자신감을 심어주고 행복하다는 인식이 들게 해준다. 그래서 진정으로 행복한 사람은 스스로를 아끼고 사랑하는 사람이다.

어느 중소기업의 박 전무는 어릴 적에 가난한 집에서 누구보다 힘들게 자랐다. 그래서 가난이 주는 고통을 뼛속 깊이 느낄 수 있었다. 박 전무의 마음속에는 늘 '성공해야 한다'는 생각이 자리 잡고 있었다.

대학시절 박 전무의 꿈은 동기들보다 더 크게 출세하는 것이었다. 꿈을 이루기 위해 친구들과 가정은 물론 자신의 여가 시간을 포기하며 쉴 새 없이 목표를 향해 달려왔다. 이런 노력으로 회사에서 최연소의 나이로 전무 자리에 오를 수 있었다. 하지만 직급은 올라갔어도 오히려 박 전무를 기다리고 있는 것은 더 많은 업무와 책임이었다.

퇴근하고 집으로 돌아올 무렵이면 자정이 가까워진 시간이었고, 아내와 아이들은 모두 깊은 잠에 빠져 있었다.

어느 날 문득 박 전무는 깊이 잠든 아이들의 얼굴을 만지다 '이게 내가 진정 바라는 행복일까?' 하는 생각이 들었다. 이런 생각으로 자신이 행복하기는커녕 불행하게 느껴졌다. 비록 남들보다 빠른 승진으로 일찍 성공했지만 그 성공이 가져다주는 것은 외로움뿐이었다. 그동안 가족과 함께 여행을 가거나 외식 한 번 한 적도 없었다.

박 전무는 우연히 신문을 보다가 자원봉사를 하는 사람의 인터뷰 기사를 읽게 되었다. 그들은 하나같이 자신보다 어려운 사람을 도우며 잃었던 행복을 찾았다고 말했다. 그 순간 자신도 자원봉사를 하고 싶다는 생각이 들었다.

며칠 동안 고민한 박 전무는 어느 날 아내에게 자신의 생각을 말했다. 그러자 아내는 흔쾌히 자원봉사에 동참하기로 했다. 아이들은 처음에 거부했지만 박 전무와 아내의 끈질긴 설득에 함께 하기로 했다.

박 전무의 가족은 주말마다 가까운 양로원에서 거동이 불편한 할머니, 할아버지의 목욕을 도와주었다. 그리고 빨래도 해주고 말벗이 되어주었다. 그렇게 몇 주가 흘렀을 때 박 전무는 거울에 비친 환하게 웃고 있는 모습을 발견하게 되었다. 그동안 딱딱한 표정만 짓고 있던 자신에게서 웃고 있는 얼굴을 보자 멋쩍어 또 한 번 웃었다. 아내의 얼굴에도 행복한 표정이 맴돌았고 아이들도 아빠와 함께 시간을 보낼 수 있어 즐거워했다.

비로소 박 전무는 진정한 행복에 대해 깨달을 수 있었다. 사랑하는 가족들과 함께 어려운 사람들을 도와주며 그는 삶이 주는 나눔의 진정한 행복을 발견했다.

1818년 어느 늦은 밤, 오스트리아의 한 작은 시골 성당을 지키는 모올 신부는 땀을 삘삘 흘리며 오르간을 고치고 있었다. 크리스마스를 일주일 앞두고 오르간이 덜컥 고장이 난 것이었다.

크리스마스날에 성탄 미사도 드려야 하고 연극 발표회도 해야 하는데 하나뿐인 오르간이 고장 났으니 난감하지 않을 수 없었다. 시골 마을이라 기술자를 따로 부를 수도 없었다. 그렇다고 딱히 새로 구입할 넉넉한 형편도 아니었다. 그는 벌써 며칠째 오르간을 뜯어서 이리저리 살펴보았지만 도무지 고칠 수가 없었다. '오르간 없이 어떻게 크리스마스 행사를 무사히 치를까.'

몹시 상심한 그는 일손을 멈추고 자리에 꿇어앉은 채 간절한 마음을 담아 한참 동안 기도를 드렸다. 그리고 고개를 돌려 창밖을 내다보았다. 그런데 깊은 밤 어둠 속으로 환한 달빛이 비추는 마을의 풍경이 무척 평화롭고 아름답게 느껴졌다. '참으로 고요한 밤이구나.'

그 평화로운 마을의 풍경에 감동 받은 순간 아름다운 시 한 편을 떠올렸다. 즉시 펜을 들어 떠오르는 글을 썼다.

다음날 아침, 성당의 오르간 연주자인 구루버 선생을 찾아가 시를 보여주며 작곡해 달라고 부탁했다.

"오르간이 고장 났으니 선생님께서 이 시로 작곡해서 성탄 미사 때 기타로 연주하면 어떻겠습니까?"

그 해 성탄절, 작은 성당에서 모올 신부가 쓴 이 한 편의 시에 곡을 붙인 음악이 기타로 연주되었다. 그 후 시골 성당의 어려움을 담은 이 노래는 널리 알려져 지금은 성탄절에 가장 많이 불리는 노래로 사랑받고 있다.

이 노래가 바로 성탄절 때 가장 많이 즐겨 부르는 「고요한 밤 거룩한 밤」이라는 곡이다.

어떤 대가도 바라지 않고 남을 위할 때 행복을 느낄 수 있다. 우리가 느끼는 행복 중에서 남을 위해 헌신할 때 느끼는 행복이 진정한 행복이 아닐까 생각한다. 타인을 위해 나를 선뜻 내주는 것만으로도 마음은 흐뭇하고 기쁘다. 이런 마음에 행복이 깃들지 않는다면 오히려 이상할 것이다.

며칠 전 어느 자원봉사자가 이렇게 말했다.

"전혀 힘들지 않아요. 오히려 그분들을 도우면서 제가 그분들에게 많은 도움을 받고 있는 걸요. 그동안 불평불만으로 살아왔던 제 자신이 너무나 부끄럽게 느껴졌으니까요."

자원봉사자의 말처럼 많은 사람들은 자신이 불행하다고 생각한다. 이는 자신이 얼마나 행복한 존재인지 제대로 알지 못하기 때문이다. 자꾸만 자신보다 높은 곳에 있는 사람들만 바라보기 때문이다. 지금 자신이 불행하다는 생각이 든다면 행복한 사람이다. 진짜 불행한 사람은 불행하다는 생각이 들 만큼의 여유마저 없기 때문이다.

7장

미소,
생활 속의 비타민

"남들은 미소 짓는 게 힘들다고 하는데 저는 참 쉽습니다. 미소 하나로 사람의 마음을 사로잡을 수 있죠. 좋은 인연을 많이 만들고 싶으세요? 그렇다면 저처럼 활짝 웃어 보세요."

박명진 팀장은 3년 전에 취업박람회에 참가했다가 사무직 대신에 과감하게 영업직에 지원해 입사했다. 박 팀장은 대학 시절부터 아르바이트로 정수기 판매와 광고 영업을 하는 등 나름대로 현장 경험을 쌓았다. 그러나 처음 영업을 했을 때 남모르게 눈물도 많이 흘려야 했다. 특히 박 팀장은 남들이 불쌍한 시선으로 바라보거나 잡상인 취급을 하며 모질게 대했을 때 가장 힘들었다고 말했다.

"고가의 정수기를 판매하는 일은 결코 쉽지 않았어요. 또한 하루에 이백 장이 넘는 명함을 돌리고 나면 발바닥에 굳은살이 박여 정작 집에 돌아갈 때는 절뚝거리며 걷곤 했지요. 그리고 집에 돌아가 저녁 내내 발을 주물러야 했어요."

박 팀장은 처음에 하루에도 수십 번 그만두고 싶은 유혹에 시달렸다. 하지만 힘든 시련이 찾아와도 끝내 미소를 잃지 않았다. 미소를 잃지 않으니 자연스레 여유가 생겼고 희망을 가질 수 있었다. 이러한 피나는 노력으로 지금 그의 모습은 누구보다 아름답다.

현재 연봉이 얼마나 되느냐는 말에 웃으며 이렇게 말했다.

"연봉이요? 이제 1억 원이 조금 넘어요. 하지만 그보다 제가 좋아하는 일을 하면서 만나는 상대에게 밝은 미소를 지을 수 있어 너무 행복해요."

새로운 시장을 개척하는 영업이 자신의 성격과 잘 맞는다는 박 팀장. 그는 미소 하나로 성공의 가도를 달리는 사람 중의 한 사람이다. 환하게 미소 짓는 사람을 보면 절로 기분이 좋다. 그런데 대부분 미소 짓기보다 무표정한 얼굴 또는 찌푸린 얼굴을 하고 있다. 이는 평소 자신의 미소가 다른 사람에게 어떤 느낌을 주는지 알지 못하기 때문이다. 미소 짓는 습관을 가지려면 먼저 자신의 미소가 다른 사람에게 어떤 좋은 감정을 들게 하는지 알 필요가 있다. 그러기 위해선 자신과 가장 가까이에 있는 친구나 동료에게 자신의 얼굴 표정에 대해 물어보는 것이 좋다.

환한 미소는 상대방의 경계를 풀고 호감을 준다. 반대로 찌푸린 표정이나 불만 섞인 표정은 상대방으로 하여금 긴장하게 하거나 비호감으로 다가간다. 얼굴 표정 하나로 상대방을 내 편으로 끌어당길 수도 내칠 수도 있다.

우리가 즐겨 듣는 대중가요 중에「사람이 꽃보다 아름다워」라는 노래가 있다. 사람이 꽃보다 더 아름다울 수 있는 이유는 환한 미소 때문이다. 때로는 상대의 미소 하나에 마음이 열리고 미움이 사라진다.

꽃이 아름다운 이유는 꽃잎이 활짝 열려 있기 때문이다. 그렇듯 여러분의 얼굴에도 밝은 미소를 띄워 보라. 미소가 당신에게 예기치 못한 기회를 가져다줄지도 모른다.

'사람의 웃는 모양을 보면 그 사람의 본성을 알 수 있다. 누군가를 파악하기 전에 그 사람의 웃는 모습이 마음에 든다면 그 사람은 선량한 사람이라고 단언해도 될 것이다.'

도스토예프스키는 미소에 그 사람의 모든 것이 담겨 있다고 말했다. 미소는 한 마디로 그 사람의 내면의 모습이라고 해도 과언이 아닐 것이다. 그만큼 미소는 각 사람의 진실과 가식을 있는 그대로 드러내기 때문이다.

사람들은 성공을 꿈꾸지만 성공은 그저 바라고 꿈만 꾼다고 해서 저절로 이루어지지 않는다. 목표와 꿈을 향해 고군분투하며 나를 도와줄 사람을 만나야 한다. 세상의 모든 기회는 사람 사이에 숨어 있다. 따라서 찌푸린 얼굴보다 환한 미소를 지어야 한다. 미소 짓는 사람에게는 왠지 모르게 마음이 열리고 함께 하고 싶기 때문이다.

미국 최고의 펀 경영컨설턴트이자 세계적인 연설가이기도 한 진수 테리. 그녀는 20년 전 한국에서 의류업을 하다가 남편을 만나 미국으로 건너갔다. 그녀는 처음부터 지금과 같은 성공자의 모습이 아니었다.

그녀는 음식점 종업원과 최저 임금을 받는 의료부품 조립공을 거쳐 공장 노동자를 숙련시키는 공장 작업반장으로 일했다. 그녀가 7년간 주말도 없이 하루 12시간을 일하여 공장 매출을 두 배로 올렸지만 승진은커녕 어느 날 하루아침에 해고되고 말았다.

그녀는 너무나 억울한 나머지 해고 사유라도 알고 싶어 직장 부사장에게 전화를 걸었더니 부사장은 이렇게 말했다.

"당신을 인종차별 때문에 해고당한 것이 아닙니다. 엔지니어로서 일도 잘 하고 학벌도 좋지만, 너무 잘 하려고 늘 긴장해 있기 때문에 얼굴에 미소가 없습니다. 그래서 아랫사람이 당신을 따르지 않는 게 문제입니다."

그 후 그녀는 다시 의류 회사에 입사하여 생산 매니저로 근무하게 되었다. 그녀는 최선을 다해 일한 덕분에 회사 매출을 세 배로 올릴 수 있었지만 승진에서 누락이 되는 아픔을 맛봐야 했다.

그 이후 그녀는 주위에 성공한 사람들을 찾아 그들에게서 성공 비결을 배울 수 있었다. 성공자는 하나같이 그녀에게 "미소를 지어라"고 조언했다. 그녀는 조언대로 얼굴 표정을 부드럽게 바꾸는 노력을 기울였다. 집에서 혼자 거울을 보면서 억지로라도 웃는 표정 연습을 했다. 그렇게 시작한지 몇 달이 지나자 조금씩 변화가 생기기 시작했다. 무표정하던 그녀의 얼굴이 다양한 표정으로 바뀌었던 것이다. 그녀는 당시를 이렇게 회상했다.

"그때부터 표정만 풍부해진 것이 아니라 국제 비즈니스 무대에서 승리할 수 있다는 자신감이 솟구쳐 올랐습니다."

위기를 인생의 터닝 포인트로 바꾼 그때부터 아무리 나쁜 일이 생겨도 긍정적인 자세를 잃지 않았다.

하루는 그녀가 백화점 쇼핑을 마치고 차로 돌아왔을 때, 차의 앞 유리창이 깨져 있고 또 CD플레이어, GPS를 도둑맞았다는 것을 알았다. 그때 그녀는 분노하기보다 이렇게 말했다.

"괜찮아. 다행히 가방을 차에 두지 않아, 도둑맞지 않았으니 얼마나 다행한 일인가? 내 친구 중에는 차 사고로 2년째 몸을 움직이지 못하고 누워 있고, 또 위암 수술을 세 차례나 받아야 했던 친구도 있는데 이건 정말 사소한 일이야. 잃어버린 건, 또 장만하면 되는 거니까."

이처럼 긍정적인 마인드로 생활하게 되자 더 이상 얼굴을 찌푸릴 일도 없었다. 설사 그런 일이 일어나더라도 웃으며 해결하는 습관이 몸에 익숙해진 결과는 항상 자신이 원하는 대로 되었다. 그녀는 성공한 이유에 대해 이렇게 말했다.

"나도 인생을 즐겁게 살고, 주위 사람 모두에게도 즐거움을 가져다 줄 수 있는 재미있는 인생, 그것은 웃음입니다. 웃음을 즐기다보면 성공은 저절로 찾아옵니다."

어느 성공자는 사람들이 자신에게 친밀한 느낌을 가지도록 할 필요가 있다고 말한다. 서로가 친해지기 위해선 친밀한 느낌보다 효과적인 것은 없다는 것이다. 친밀한 느낌은 누구나 쉽게 연출할 수 있다. 그것은 자신이 가진 자연스런 미소를 보여주면 된다.

환한 미소를 짓는 사람의 얼굴에선 생활의 어두운 그늘을 찾아볼 수 없다. 밝고 긍정적인 면으로 가득 빛난다. 성공의 기회는 이런 환한 미소를 짓는 사람에게 더 빨리 찾아온다.

8장

인사,
상대방을 향한
존경의 마음

"안녕하세요!"라고 미소 지으며 먼저 인사해보자. 상대방도 덩달아 미소 지으며 인사를 건넨다. 혹 좋지 않은 감정이 있다 해도 밝은 인사에 모두 깨끗하게 씻어질 것이다. 마음이 담긴 정중한 인사는 딱딱한 분위기를 부드럽게 해주고 친밀감을 가져다준다.

사람들은 아름다운 꽃을 보며 "기분 나쁜 꽃이군" 하고 말하지 않는다. 그렇듯이 활짝 웃는 얼굴로 인사하는 사람에게 인상 찌푸리거나 화를 내는 사람은 없다. 우리는 상대방에게

서 먼저 인사를 받으면 기분이 좋아진다. 왠지 모르게 오늘
은 좋은 일이 생길 것 같은 예감까지 든다. 상대방이 건네는
인사에 나를 배려하고 존중하는 따뜻한 마음이 담겨 있기 때
문이다.

환하게 미소 지으며 건네는 인사는 서로의 어색함을 풀어
주는 마법이다. 아무리 어색한 사이일지라도 밝은 표정으로
인사를 건네면 상대방 역시 답례를 하게 마련이다. 그러면서
어색한 벽은 허물어지고 다시 가까워지게 된다.

내 주위에 8년째 보험 영업을 하고 있는 사람이 있다. 그녀
는 사람들에게 '안녕'이라는 애칭으로 불린다. 그녀에게 '안
녕'이란 애칭이 따라붙게 된 데는 이유가 있다. 그는 처음 보
는 사람이라도 아주 오랫동안 알고 지낸 사람처럼 다정하게
인사를 건넨다.

"어머, 안녕하세요? 반갑습니다."

"이렇게 뵈니 더 반가운데요."

이런 인사를 받은 사람들은 한결같이 스스럼없이 말문을
열게 된다. 또 방금 지나쳤던 사람을 다시 만나더라도 반드
시 인사 건네는 것을 잊지 않다. 그녀가 인사를 건넨 사람들
은 대부분 그녀의 잠재 고객이 되었다.

이런 인사 습관 덕분으로 누구보다 많은 인맥을 만들 수 있
었다. 그녀는 5년째 부서에서 우수한 실적을 놓치지 않고 있
다. 사실 그녀가 하루에 만나는 고객은 4~5명에 불과하지만

기존 고객들이 새로운 고객을 계속 소개해주었기 때문이다. 동료들이 궁금한 세일즈 비결을 물을 때마다 "밝게 인사하는 습관을 가져보세요"라고 말한다.

우리 주위에는 친절한 미소와 함께 인사를 건네는 사람이 있는가 하면, 어쩌다가 마주쳐도 얼굴만 멀뚱하게 처다볼 뿐 인사 한 번 건네지 않는 사람도 있다.

두 사람 가운데 어떤 사람에게 더 호감이 갈까?

당연히 인사를 건네는 사람일 것이다. 그 사람의 인사에는 상대방을 위한 배려와 친절이 담겨 있기 때문이다. 자신에게 친절하게 대하는데 좋아하지 않을 사람은 없을 것이다.

그러나 마주쳐도 얼굴만 멀뚱히 처다보는 사람은 어떨까?

'내 얼굴에 뭐 묻었나? 왜 자꾸 그렇게 처다보는 거야?' 하는 생각과 함께 괜스레 상대방이 얄밉고 호감이 생기지 않는다. 결과적으로 가까워질 수 없는 견우와 직녀 같은 사이가 되고 만다. 혹시 평소 자신이 사람들에게 먼저 인사하기가 습관화되어 있지 않다면 먼저 인사하는 습관을 가져 보자. 처음에는 어색하고 힘들 것이다. 하지만 꾸준히 노력한다면 상대방에게 기쁨을 주는 호감 가는 인상을 주는 사람이 될 수 있다. 인간관계에 있어 상대방에게 편안함과 호감을 주는 것보다 더 큰 강점은 없다.

사회생활을 하다 보면 마지못해 인사한다는 느낌이 드는 사람을 보게 된다. 그런 사람은 괜히 기분만 상하고 다시는 마주치고 싶지 않다. 억지로 인사를 하려면 처음부터 하지 않는 것이 낫다. 상대방에 대한 존경이 담긴 인사가 아닌 인사를 받은 상대방은 감정이 상하게 마련이다. 이는 결국 상대방과의 관계에 치명타가 될 수 있다.

대중 가수 김건모는 오래 전 어느 텔레비전 프로그램에 출연해 자신의 성공 비결을 '인사하기'라고 말한 적이 있다. 무명 시절 방송국에 가면 자신이 아는 가수를 비롯해 무조건 모든 사람에게 인사하는 것이 일이었다고 한다. 누가 알아주든 알아주지 않던 예의를 갖춰서 정중한 태도로 인사했다.

"안녕하세요? 신인 가수 김건모입니다. 잘 부탁드립니다."

어느 날 가수들이 모인 파티에 참석한 그는 그곳에서 누가 자신을 알아주든 말든 여러 선배 가수들 틈에 끼어 후배로써 최선을 다해 선배를 모셨다. 그러자 그의 끼를 눈여겨보던 선배 가수들이 일부러 자신을 불러 이름을 물어보곤 했다. 그는 다시 한 번 깍듯이 예의를 갖춰 인사를 함으로써 강한 인상을 남길 수 있었다.

인사는 돈 한 푼 들이지 않고 상대방의 마음을 얻을 수 있는 방법이다. 그렇다고 돈이 들지 않는다 해서 소홀하게 생각해선 안 된다. 성공한 사람치고 인사성이 나쁜 사람은 없었다. 그들은 진심이 담긴 인사로 경쟁자를 친구로 변화시켰는가 하면, 많은 기회를 자신의 것으로 만들 수 있었다.

‘말 한 마디에 천 냥 빚을 갚는다’는 속담이 있듯이 때로 친절한 인사는 뜻하지 않은 어려운 문제를 해결해준다. 세상의 모든 문제는 인간관계에서 비롯되기 때문이다.

○○은행 창구에서 근무하는 친절한 여직원이 있었다.

어느 날 한 할아버지가 머뭇거리며 창구 앞에 서 있자 여직원은 다른 손님에게 양해를 구하고 할아버지에게 다가갔다. 그리고 상냥한 인사말과 함께 무슨 일로 왔는지 물었다. 그러자 할아버지가 말했다.

“자식들이 모두 바깥에 있어 직접 공과금 내러 왔다오.”

그녀는 차를 대접하고 의자도 내주면서 용건을 묻고 미소를 지으며 바로 처리해 드렸다. 며칠 후 지점장이 그녀를 불렀다. 지점장실로 들어서자 지점장은 환하게 웃으며 말했다.

“한 고객께서 김 대리를 입이 마르도록 칭찬하셨어요. 뿐만 아니라 오늘 큰 금액을 우리 은행에다 예치했습니다.”

지점장은 이어서 말했다.

“정말 기쁜 일입니다. 또 이번 일을 통해 우리 은행이 더욱 친절한 은행이라는 것을 외부에 홍보하게 되었으니…”

“저, 무슨 말씀이신지…”

김 대리는 도무지 지점장의 말이 이해가 되지 않았다. 나중에야 그녀는 큰 금액을 예치한 주인공이 며칠 전 자신이 친절하게 응대해드렸던 할아버지였다는 것을 알았다. 은행에 다녀간 할아버지는 자신이 소유한 큰 빌딩을 가지고 있는 부자였다.

  어느 철학자는 "친절함이 담겨 있는 인사는 서로 간의 마음의 문을 열게 하고 우정과 사랑의 씨앗을 내리게 한다"고 말했다. 인사는 우정과 사랑뿐 아니라 성공을 부르는 습관이다. 인사하는 습관이 몸에 배어 있지 않다면 지금부터라도 모두에게 먼저 인사를 건네 보라. 성공하는 사람은 인사성이 어두운 사람이 없다. 먼저 인사하기가 껄끄러워질 때 이 말을 다시 한 번 떠올려라.

9장

메모,
내 인생을 바꾸는
성공 습관

머릿속으로만 생각하면 내용이 잘 정리되지 않는다. 또한 이를 다른 사람에게 말로 전하려 할 때 전달하고자 하는 내용이 완벽하게 전달되지 않는 경우가 종종 있다. 이럴 때 간단한 '메모'를 활용하면 자신의 생각을 좀 더 원활하게 전달할 수 있다.

사람의 기억력에 한계가 있기 때문에 메모는 반드시 필요하다. 길을 걷거나 누군가와 대화를 할 때 좋은 아이디어가 떠오른 경험은 누구나 있을 것이다. 대다수의 사람은 금세 떠오른 아이디어를 강물처럼 흘려버린다. 가방 속에 들어 있는 필기구를 꺼내는 것이 귀찮게 여겨지고 반짝 떠오른 아이디어가 사소하게 생각한다.

메모를 하찮게 생각하는 사람은 스스로 성공의 대열에서 이탈하는 사람이다. 성공은 생각보다 더 가까운 곳에 있다.

하지만 대부분은 아직 성공으로 향하는 수많은 열쇠가 반짝 떠오르는 아이디어에 숨어 있다는 것을 알지 못한다. 미국의 대표적인 인물로 링컨, 에디슨, 잭 웰치 등등 성공한 이들의 공통점 가운데 하나가 메모하는 습관이다. 이는 두뇌가 기억해야 할 짐을 메모에 맡기고 나머지 두뇌를 창의적으로 쓴 덕분이다.

성공한 사람은 항상 메모하기 위한 준비가 되어 있다. 그들은 늘 필기도구를 지참하는 습관을 지니고 있었다. 아이디어를 메모하지 못하는 것은 돈으로 환산할 수 없는 엄청난 손해라는 것을 누구보다도 잘 알고 있었기 때문이다.

메모를 하면 상대방에게도 신뢰감을 줄 수 있다. 우선 메모를 하려면 상대방의 이야기를 경청하게 된다. 또 들은 이야기를 즉석에서 수첩에 메모하게 되면 상대방은 '내 이야기에 집중하고 있구나' 하는 생각이 들어 신뢰감마저 느끼게 되는 것이다.

누구나 단 한 번쯤은 읽어 봤을, 전 세계를 해리포터 선풍으로 만든 유명한 '해리 포터', 꼬마 마법사의 신나는 모험을 그린『해리 포터』시리즈의 작가 조앤 캐슬린 롤링은 1965년 영국의 작은 마을에서 태어났다. 어린 시절부터 상상력이 풍부했던 그녀는 눈에 종이만 보이면 무엇인가를 긁적이는 버릇이 있었다.

영국의 액세터대학교 불문과를 졸업한 뒤 그녀는 런던의 어느 회사에 비서로 취직하지만 얼마 못 가서 해고당하고 말았다. 하지만 그녀는 생계를 위해 다시 회사에 취직해야 했다. 그러던 어느 날 기차를 타고 런던과 맨체스터를 오가던 중 창 밖을 내다보다 '해리'라는 이름을 떠올렸다. 그녀는 그 자리에서 단숨에 한 마법사 소년의 이야기를 메모하기 시작했다. 이 이야기가 바로 20세기 최고의 베스트셀러 모험 소설『해리포터』시리즈이다.

1996년 6월 첫 번째 작품『해리포터와 마법사의 돌』이 완성되었다. 하지만 그녀에게는 8만 자에 이르는 장문의 소설을 복사할 복사비가 없었다. 하는 수없이 출판사에 보낼 원고를 일일이 낡은 타자기로 밤새워 쳐야 했다. 그녀는 '지긋지긋한 가난'에서 벗어날 수 있을 거라는 한 가닥의 희망으로 힘든 줄 몰랐다. 다음날 원고를 가지고 여러 출판사를 방문했지만 무명의 작가의 작품을 바라보는 출판사의 시선은 곱지 않았다. 그녀의 첫 작품『해리포터와 마법사의 돌』은 무려 열두 곳의 출판사로부터 거절을 당하는 수모를 겪었다. 여러 출판사에서는 같은 말을 반복했다.

"어린이 책으로는 돈을 벌 수 없어요, 돈을 벌고 싶다면 성인을 위한 소설을 쓰는 게 어때요? 성인 소설이 완성되면 그때 다시 오세요."

정작 훌륭한 작품을 완성하고도 시련을 겪어야 했지만 그녀는 포기할 수 없었다. 그리고 며칠 후 그녀에게 상상할 수 없는 기적이 일어났다. 그녀의 작품을 단호하게 거절했던 블룸스베리 출판사에서 계약하겠다는 통보를 보내왔다. 그리하여 조앤 K. 롤링의 판타지 동화 『해리포터와 마법사의 돌』은 전 세계 독자에게 공개되어 출판 역사상 가장 큰 성공을 이루었다.

성공한 작가가 된 뒤 그녀는 이렇게 말했다.

"제가 무언가를 해냈다는 사실에, 또 잘하는 일이 하나쯤은 있다는 것에 너무나 기쁩니다. 사실 나는 다른 일에는 별 쓸모가 없는 사람이었기 때문입니다. 그동안 저와 일한 사람들은 저처럼 조직 생활에 적응하지 못하는 사람은 처음 봤다고 했습니다. 해당 업무에 서툴러 잘하려고 할수록 더 실수를 저지르곤 했어요. 하지만 이제 저는 가장 잘할 수 있는 일을 발견했고 지금 그 일을 하고 있기에 너무나 행복합니다."

그녀는 어떻게 극빈층에서 최고 부유층으로 인생이 바뀔 수 있었을까? 평소 그녀의 메모하는 습관 때문이었다. 만일 그녀가 반짝 떠오른 '해리'라는 이름을 메모하지 않았다면 그녀의 인생은 달라지지 않았을 것이다.

자연법칙이 관성계에 대해 불변하고, 시간과 공간이 관측자에 따라 상대적이라는 이론으로 유명한 아인슈타인이 하루는 기자와 인터뷰를 하게 되었다. 인터뷰 도중에 기자가 아인슈타인의 집 전화번호를 물었다.

그러자 그는 수첩을 뒤적거렸다.

기자가 물었다.

"설마 박사님 댁 전화번호를 모르시지는 않겠죠?"

"적어두면 쉽게 찾을 수 있는 걸 왜 기억해 둡니까?"

"……."

아인슈타인은 메모를 통해 두뇌를 창의적으로 활용했다. 그 결과 상대성이론을 비롯한 물리학 분야에 위대한 업적을 남길 수 있었다.

이노디자인의 김영세 사장은 갑자기 떠오른 생각을 냅킨에 메모했는데 나중에 이것이 12억 달러짜리 디자인이 되었다고 한다. 그는 항상 이런 식으로 순간적으로 떠오르는 것을 그냥 흘려버리지 않고 메모하는 버릇이 있다.

롯데정보통신 오경수 대표이사는 우리나라 10대 그룹 중 몇 안되는 제주 출신의 전문 CEO이다. 1981년 삼성물산에 입사해 그룹 핵심인 비서실과 미주 본사를 총괄하는 뉴욕주재원을 거쳐 시큐아이닷컴(주) 대표이사를 맡는 동안 갖은 시련과 좌절을 뚫고 지금의 자리에 올랐다. 그는 자신의 성공 요인으로 '메모'를 꼽는다. '메모의 달인'답게 누군가를 만나기 위한 장소에 먼저 도착하면 항상 수첩을 꺼내 놓곤 뭔가를 적는다. 때로는 수첩이 모자라서 포스트잇이 덕지덕지 붙어 있다. 이 메모가 최고 경쟁력의 밑거름이 되었다.

오경수 대표는 이렇게 말하였다.

"메모의 근본은 잊어버리는 것이다. 메모하고 나면 그 일을 잊어버리는 대신 나머지 시간을 활용할 수 있다. 사실 아이디어는 순간순간 스쳐 지나가기 때문에 제대로 메모만 해두면 창조적인 것으로 언제든지 활용할 수 있다."

"순식간에 빨리 적은 메모를 바로 그날 저녁에 정리하지 않으면 하루만 지나도 잊게 돼요. 어떤 때는 내가 쓴 글씨를 못 알아보는 일도 생기죠. 그렇게 되면 상대방을 만났던 소중한 시간들이 모두 사라지는 것 같아 아쉽고 허무해집니다. 그래서 반드시 매일매일 정리를 하고 있어요."

우리나라에 처음으로 알로에를 전파한 '김정문알로에'의 최연매 대표가 움직이는 곳에는 절대 빠지지 않는 것이 있다. 개인 책상, 회의용 탁자, 승용차, 휴대용 가방에도 늘 메모지와 펜과 책이 한 몸처럼 붙어 다녀 주위에서 '메모의 달인'이라 불린다.

'더러운 카펫, 보풀, 선미 부분 지저분함, 스테인리스 스틸, 꾀죄죄함, 메뉴, 실망스러움, 마이애미에서 돌아올 때 일등석 메인코스인 가재가 왕새우로 바뀜, 치킨커리 맛없음, 치킨은 커다란 덩어리로 잘라야 함.'

이 메모의 주인공은 누구일까? 식당 지배인이나 서빙 담당 직원의 메모가 아니다. 영국 버진그룹의 창업자인 리처드 브랜슨의 메모 내용이다. 그야말로 대그룹의 오너답지 않게 사소하고 간단한 내용뿐이다.

브랜슨은 메모를 복잡하고 그럴듯 하게 하려는 사람에게 이렇게 충고한다.

"경영자는 가끔 일장 훈시를 늘어놓기만 해서는 안 된다. 작은 세부 사항을 기록하고 점검해야 한다."

존 레논은 비틀스가 해산된 뒤 「이매진Imagine」이라는 곡을 발표했다. 이 곡은 뉴욕 힐튼 호텔에 머무른 뒤 비행기를 타고 이동 중 갑자기 떠오른 시상을 옮긴 작품이다. 그는 그때의 생각을 급히 호텔의 메모지에 적어 놓았는데, 이것이 불멸의 히트곡의 바탕이 되었다고 한다.

그동안 여러분은 메모를 등한시한 이유로 다양한 기회를 놓쳤을 것이다. 만일 여러분이 반짝 떠오른 아이디어를 메모했다면 지금보다 더 나은 삶을 살고 있을지도 모른다.

"메모하는 습관은 성공을 위한 초석이다"라는 말처럼 그만큼 메모는 우리에게 수많은 기회를 열어 준다. 지금보다 더 나은 인생을 원하고 성공을 꿈꾼다면 메모하는 습관을 기르도록 하라.

1. 언제 어디서나 메모한다.

   차를 타고 있을 때, TV를 보고 있을 때, 식사를 할 때 등 언제든지 메모하는 습관이 중요하다.

2. 메모는 질보다 양을 중시한다.

   처음부터 중요성이나 유용성을 판단하지 않고 최대한 메모를 한다. 판단은 나중에 해도 된다.

3. 기억에 의존하지 않는다.

   천재가 아니라면 30분 이내에 메모해야 한다.

4. 간결하게 기록한다.

   복잡한 내용은 도식화하거나 키워드 중심으로 기록한다. 자기만의 독특한 약어나 기호를 사용하는 것도 좋은 방법이다.

5. 5W1H(육하원칙)에 따라 기록한다.

   고유명사나 숫자는 정확히 기록한다. 고유명사나 숫자가 틀리면 정보 자체가 의미가 없다.

6. 잊기 위해 메모한다.

   이것저것 외우려고 하면 다른 일에 집중할 수가 없다.

10장

저축,
진정한 자유를 위한
준비

"내가 처음으로 1달러를 저축했을 때 마치 백만
장자가 된 듯이 기뻤다. 어린 시절 그만한 돈을 모으는 일은
쉽지 않았으니까요. 그 시절 나는 날마다 번 돈을 저축하며
절대 궁핍하게 살지 않겠다고 굳게 결심했다."

"소비자는 왕이다"라고 말하며 '그랜디디포'라는 최초
의 백화점을 세운 '백화점의 왕'이라 불리는 존 워너메이커
는 어린 시절부터 그 누구보다 저축의 중요성을 알고 있었
다. 그는 열네 살 때부터 고용살이를 시작해 뉴욕의 브로드

웨이에 거대한 워너메이커 백화점을 세웠다. 그는 전 세계에 YMCA 건물을 지어주었는데, 우리나라 종로2가에 있는 YMCA 건물도 그 중에 하나로 알려져 있다.

워너메이커는 꾸준한 저축을 통해 부를 축적할 수 있었다. 또한 그는 돈이 얼마나 소중하고 아름다운지를 보여주었다. 그가 백화점 왕이 될 수 있었던 것은 저축의 힘 덕분이었다.

벤자민 프랭클린이 말했다.

"돈의 가치를 알아보고 싶거든 나가서 남에게 돈을 꾸어달라고 요청해보라. 적에게 돈을 꿔주면 그를 이기게 되고, 친구에게 꿔주면 그를 잃게 된다."

돈이 지니고 있는 마법은 참으로 다양하다. 돈은 사람에게 기쁨과 편안함을 줄 수 있지만 절망과 슬픔, 불안함을 줄 수도 있다.

"돈은 최선의 종이요, 최악의 주인이다."

프랜시스 베이컨의 말처럼 돈은 어려운 사람을 도울 수도 있지만 자신의 이기적인 욕심을 위해 온갖 악행을 저지르게도 한다. 하지만 돈은 사용하는 사람에 따라 천사가 될 수도 악마가 될 수도 있다.

저축하는 습관을 기르면 여러모로 도움이 된다. 우선 살아가면서 닥치는 예기치 못한 경제적인 어려움에 대비할 수도 있다. 그리고 어려움에 처한 가족이나 친구에게 도움을 줄 수도 있다. 무엇보다 돈을 모으는 쏠쏠한 재미는 그 어떤 것과 비할 수 없다.

한 중견 기업의 대표는 이런 말을 했다.

"그 사람의 성실성을 알려면 매월 저축하고 있는 통장을 보면 알 수 있다."

성공한 사람은 한 순간에 좋은 기회를 얻은 것이 아니었다. 매일매일 명확한 목표를 가지고 행동에 옮겼을 뿐 아니라 수입의 일정 부분을 저축했다. 먼저 매월 수입 중 일부분을 떼어 강제로 저축을 했다.

내가 아는 후배는 수입의 50퍼센트를 저축한다. 처음에는 생활에 많은 어려움이 따랐다고 했다.

"처음에는 20퍼센트, 다음에는 30퍼센트, 이런 식으로 천천히 저축을 늘려 가면 큰 무리가 따르지 않아요. 용돈과 생활비를 계획적으로 쓰면 충분히 절약할 수 있습니다."

얼마 전 어느 후배는 그동안 저축한 돈으로 큰 행운을 잡을 수 있었다. 몇 해 전 가까운 사람이 어려운 경제 사정으로 내놓은 시골 땅을 싼 가격에 구입하였다. 그런데 뜻밖에 그곳에 재개발이 이루어지면서 땅값이 구입한 가격의 수십 배로 뛰게 되었다. 물론 이런 행운은 그리 많지 않겠지만 무엇보다 저축해 놓은 돈이 있으면 그렇지 않은 사람보다 더 많은 기회를 누릴 수 있는 것은 당연한 이치이다. 무엇보다 큰 돈이 들어가야 하는 어려움이 있을 때 곤란을 겪지 않아도 될 것이다.

대부분의 가난한 사람은 저축하는 습관보다는 소비하는 습관에 젖어 있다. 오래 전에 어느 포털 사이트는 '저축을 하고 계십니까?'라는 주제로 여론 조사를 했다. 그 결과에 따르면 직장인의 경우 급여를 받으면 자동차를 꾸미고 친구들과 술을 마시거나 전자 제품 등을 충동적으로 구매하는 것으로 나타났다.

직장인은 언제까지나 일정 급여를 받으며 직장을 다닐 수 없다. 또한 뜻하지 않게 직장을 그만둬야 하는 경우도 생길 수 있다. 따라서 저축은 미래의 인생 보험, 생명줄과도 같다고 할 수 있다.

세계에서 가장 많은 물건을 파는 슈퍼마켓, 월마트의 창업자 샘 월튼은 재산이 20조원도 넘는 갑부였다. 하지만 그는 단돈 1센트의 소중함을 아는 검소한 생활을 평생 실천한 사람이었다. 하루는 그를 취재하기 위해 모인 기자들이 검소하기로 소문난 그를 시험해 보기로 했다. 그가 걸어가는 길에 1센트짜리 동전을 던져 놓고 동전을 줍는지 안 줍는지를 보기로 한 것이다.

기자들이 동전을 길에 놓고 채 1분도 지나지 않아 월튼이 탄 자동차가 나타났다. 자동차에서 내려 걸어오던 그는 갑자기 허리를 굽혀 동전을 주웠다. 세계적인 갑부가 1센트짜리 동전을 주우려고 허리를 굽혔다는 사실에 기자들은 매우 경악했다.

취재가 시작되자 한 기자가 조금 전에 자신들이 한 일에 대한 이야기를 꺼내며 사과했다.그러자 월튼은 이렇게 말했다.

"저는 대공황 시기를 겪었고, 어린 시절부터 무엇이든 아끼는 생활에 익숙해 있습니다. 많은 기업가들이 웬만큼 성공하고 나면 '나는 할 만큼 했다'면서 땅을 사들이는데 그게 바로 망하는 지름길이 아니겠습니까?"

어린 시절부터 몸에 밴 샘 월튼의 근검절약 정신은 세계적인 갑부가 되어서도 값비싼 옷보다는 허름하지만 편안한 옷차림으로 털털거리는 픽업트럭을 타고 필요한 물건을 직접 사러 다녔다. 그의 아내는 남편이 운영하는 가게에서 비누 한 장을 그냥 가져가서 사용할 수 없었다. 네 명의 자녀들도 수업이 끝나면 가게에서 일해야 했고, 또 아이들에게 신문배달을 시켰는데, 그것은 손자에게도 똑같이 시켰다.

샘 월튼은 자신의 아이와 손자에게 "게으른 부자라는 소리를 들으면 용서하지 않겠다"는 말과 함께 평소에 1센트의 소중함을 항상 가르쳤다. 그는 아무리 많은 돈을 벌어도 소비하는 습관이 몸에 밴다면 경제적으로 가난해질 수밖에 없다는 것을 잘 알고 있었기 때문이다.

아무리 수입이 많을지라도 저축하지 않고서는 부자가 될 수 없다. 뿐만 아니라 언제까지나 가난하게 살 수밖에 없다.

그래도 날마다 소비적인 인생을 살고 싶은가? 그렇다면 지금 자신의 모습이 가까운 미래에 어떤 모습일까 생각해 보

라. 경제적인 자유를 누리며 행복한 생활에 젖어 있는 모습과 항상 돈에 찌들어 절망적인 생활을 하는 모습 중 어떤 모습이 떠오르는가?

자신의 모습이 행복이 아닌 절망적으로 비쳐진다면 알뜰하게 저축하는 습관을 들여야 한다. 만일 자신의 생활을 이대로 방치한다면 정말 그렇게 될 것이다.

자, 지금부터라도 세밀한 계획을 세워 수입과 지출을 체크해보자. 그리고 날마다 수입과 지출에 대한 가계부를 쓰면서 나중에 불필요한 신용 카드와 지출 항목을 줄이는 것이 효과적인 방법이 될 수 있다. 또한 평소에 저축과 노후를 대비하여 보험을 든 사람은 그렇지 않은 사람보다 나중에 더 좋은 기회를 잡을 확률이 많다는 것을 잊지 말아야 한다.

긍정,
성공을
끌어당기는 힘

옛날 어느 위대한 장군이 전쟁터에서 중대한 결단을 해야 할 시점에 몰렸다.

천 명 남짓한 병사를 거느리고 만 명이 넘는 용병이 기다리고 있는 적진 한가운데로 쳐들어가지 않으면 안 될 상황이었다. 장군은 병사를 각 선박에 나누어 태운 다음 가만히 적국으로 숨어들어 갔다. 장군은 군사와 무기, 탄약을 모두 배에서 내린 뒤 모든 배를 불태워 버리도록 명령했다. 병사들은 휘둥그레진 눈으로 장군을 바라보았다.

그때 장군은 화염에 휩싸이는 배들을 가리키며 말했다.

"제군들, 지금 우리의 배는 화염에 휩싸여 불타고 있다. 우리에게는 이제 도망갈 배조차 없다. 그러므로 싸워서 이기는 것 말고는 살아서 도망갈 길이 없다. 우리에게는 승리가 아니면 전멸이 있을 뿐이다."

놀랍게도 그들은 이 싸움에서 이겼다.

목표하는 것이 무엇이건 승리를 얻기 위해서 스스로 자기의 배를 불태워 전쟁터에서 달아나기 위한 모든 수단을 끊어버렸다.

자신의 분야에서 성공한 사람은 강한 자신감에 차 있다. 이런 자신감과 생각은 밝은 생각을 가지게 하고, 적극적인 행동을 하게 한다. 반대로 부정적인 사람은 어려움에 맞서서 극복하려고 애쓰기보다 피난처를 찾는다. 그 결과 수동적인 모습을 취하게 되고 사태는 더욱 악화되게 된다.

그 사람의 성격이나 인생관을 알고 싶으면 친구를 살펴보면 된다. 그 사람이 비관적인 인생관을 가지고 있다면, 분명 친구 역시 인생을 비관하는 사람이 있을지 모른다. 반면에, 진취적이고 긍정적인 사람이라면 항상 웃으며 사는 긍정의 사람이다. 그래서 '그 사람을 보려면 친구를 보면 안다'는 말이 생겨난 것이다.

성공하고 싶다면 밝은 성격과 자신감이 가득한 사람과 가까이 해야 한다. 그들은 긍정적인 태도로 임하기 때문에 그렇지 않은 사람보다 성공할 확률이 높다. 이런 사람들과 가까이 한다면 자연스레 그들의 열정을 본받을 수 있을 뿐 아니라 성공 비결을 배울 수 있다.

성공에 이르기 위해서는 긍정적인 태도가 절대적으로 필요하다. 긍정적인 태도를 가진 사람은 어떤 난관에 처하더라도 여유를 잃지 않는다. 또한 쉽게 절망하지 않는다. 이런 가운데 성공을 열어 주는 기회를 발견할 수 있다.

세상의 모든 성공은 긍정적인 태도를 가진 사람을 위한 선물이다. 긍정적인 태도는 무에서 유를 창조하는 에너지와 같다. 성공한 사람들 대부분이 지독한 가난을 경험했지만 결국 성공을 일궈낸 것은 무엇이든 '할 수 있다'는 긍정적인 태도 때문이었다.

모든 사람은 성공이라는 정상에 오르고 싶어 한다. 하지만 그러기 위해선 먼저 자신이 어떤 사람인지, 그리고 어떤 생각을 하고 있는지 곰곰이 살펴볼 필요가 있다. 자신의 생각이나 모습에 따라 인생이라는 그림이 그려지기 때문이다.

현재 여러분의 모습은 과거에 가졌던 생각의 결과이다. 과거의 사고방식이 행동의 직접적인 결과로 나타난 것이다. 지금 긍정적인 태도를 갖고 있다면 그것은 긍정적으로 사고하고 행동하는 것을 선택했기 때문이다. 쉽게 말하면 지금 지니고 있는 사고방식의 책임은 자신에게 있다.

모든 사람에게는 엄청난 잠재력이 있다. 그런데도 불구하고 대부분 평범하게 혹은 비참하게 인생을 살아간다. 왜 잠재력을 활용하지 못하는 것일까? 잠재력을 활용하지 못하게 방해하는 일곱 가지 생각의 유형이 있다.

첫째, '난 지금이 편해' 라는 생각

사람들은 편한 곳에 안주한 채, 현재 수준에 만족하며 살아가길 원한다. 성공을 이루기 위해 고생하는 것보다 편하게 살고 싶기 때문이다.

둘째, '실패하면 어떡하지?' 라는 생각

사람은 신이 아니기에 누구나 뜻하지 않게 실수나 실패할 수 있다. 실수나 실패의 위험에 대한 두려움은 다른 새로운 것을 시도할 용기를 꺾는 것이다.

셋째, '거절당하고 싶지 않아' 라는 생각

간혹 다른 누군가에게 거절당할까봐 불안해하곤 한다. 하지만 거절 때문에 불안해하는 마음은 자신감이 있는 행동을 가로막는 장애물이다.

넷째, '배를 흔들고 싶진 않아' 라는 생각

현재의 상태가 변하는 것에 대한 걱정은 가라앉는 배에서 구출되기를 바라는 것과 같다. 이런 걱정은 부정적인 것일 뿐 아니라 새로운 도전을 할 만한 가치가 없다고 믿게 만든다.

다섯째, '난 그럴 자격이 없어' 라는 생각

거짓된 열등감과 정신적 빈곤은 자신의 잠재력과 보상에 대해 스스로 그럴 자격이 없다고 믿게 만든다.

여섯째, '성공은 나에게 해가 될 수도 있어'라는 생각

성공에 대한 두려움은 많은 사람들로 하여금 우물 안 개구리 신세가 된다. 그들은 성공을 무가치하다고 느낀다. 또한 성공과의 거리를 두고 생각조차 하지 않기 때문에 무의식적으로 회피하게 된다.

일곱째, '나는 성공할 인물이 아니야'라고 단념하는 사람

타인이 아닌 스스로 모든 가능성을 닫지 말아야 한다. 성공은 특정한 사람만이 이룰 수 있는 선택된 기회가 아니다. 자신을 비하하거나 다른 사람에게서 열등감을 느끼는 것은 자신만의 독특한 색안경을 쓰고서 삶을 바라보기 때문이다. 당신이 원하는 성공은 당신의 강한 믿음으로 이룰 수 있다.

현재 각자가 가지고 있는 사고는 미래의 청사진이라고 할 수 있다. 이 청사진은 당신 스스로가 선택한 결과라는 것을 잊지 말아야 한다.

타인으로부터 인정과 존중을 받는 경우에 긍정적인 자아상이 형성된다. 자아상은 다음과 같은 여섯 가지 요소로 이루어진다. 여섯 가지 요소는 당신이 목표를 향해 나아갈 때 자신감을 심어줄 것이다.

1. 자신의 재능이나 능력에 관한 스스로의 믿음

2. 한 인간으로서 스스로의 가치에 대한 믿음

3. 다른 이들이 자신을 어떻게 받아들일 것인가에 대한 스스로의
   기대

4. 스스로 어떤 사람이 되겠다는 확신

5. 자신이 예상하는 앞으로의 미래

6. 자신이란 존재를 어떻게 실현해 나갈지에 대한 생각

심리학자들은 인간은 평생 동안 자신이 지니고 있는 잠재력의 3분의 1도 사용하지 못한다고 말한다. 이것은 당신이 잠재력을 조금만 더 끌어내기만 해도 놀라운 능력을 발휘할 수 있음을 의미하는 것이다.

자신이 꿈꾸어 왔던 인생을 살기 위해선 긍정적인 태도를 갖기 위해 노력해야 한다. 긍정적인 태도가 성공에 꼭 필요한 요소를 하나씩 끌어당기기 때문이다.

12장

칭찬,
마음을
움직이는 기술

"타인의 좋은 점을 찾아 자주 이야기하라. 우리는 타인의 칭찬 속에서 자라왔다. 그것이 우리를 더욱 겸손하게 만들었다. 칭찬을 듣는 사람은 더욱 칭찬을 들으려고 노력하게 된다"고 메리 해스켓은 말했다. 상대를 내편으로 가장 빠르게 만들 수 있는 방법은 칭찬이다. 칭찬은 상대에게 용기와 믿음을 심어준다. 이런 용기와 믿음은 불가능조차 가능하게 하는 힘을 지니고 있다.

직장의 같은 부서에서 근무하는 윤 대리는 평소 까칠한 성격의 입사 동기인 김 대리가 못마땅하였다. 그래서 김 대리가 말을 걸면 짧게 대답만 할 뿐이었다. 하지만 윤 대리에게는 김 대리와 서로 어색한 분위기에서 회사 일을 한다는 것이 큰 부담이 되었다.

고민 끝에 윤 대리는 먼저 김 대리에게 다가가기로 마음먹었다. 어느 날 윤 대리는 김 대리에게 커피 한 잔을 건네며 다정스럽게 말했다.

"김 대리, 이번 달 실적이 아주 좋던데 비결이 뭐야?"

"그냥 뭐… 오로지 열심히 하는 거지."

갑작스런 윤 대리의 칭찬에 김 대리는 멀쑥했지만 마음 한편으로는 기분이 좋았다. 더군다나 평소 친하지 않은 윤 대리로부터 칭찬을 받았기 때문이었다.

그 후에 김 대리도 윤 대리의 성과에 칭찬이 담긴 말을 건넸다. 칭찬 한 마디에 두 사람은 서서히 닫혀 있는 마음의 문을 열고 서로가 친근하게 되는 계기가 되었다.

칭찬하는 지혜에 대한 책 중에서 켄 블랜차드의 『칭찬은 고래도 춤추게 한다』는 책을 오래 전에 읽었는데, 평소 칭찬이 습관화되지 않은 나에게 많은 교훈과 깨달음을 주었다.

몸무게 3톤이 넘는 범고래를 훈련시켜 멋진 점프 쇼를 연출하는 수석 범고래 조련사의 비결은 무엇일까? 세계적으로 유명한 경제컨설턴트인 켄 블랜차드는 그 비결이 다름 아닌 '칭찬'이라고 말한다. 범고래의 묘기에 진심 어린 칭찬과 즉

각적인 반응을 보여주면서 훈련시키면 '바다의 난폭자'라 불리는 범고래조차 호흡을 맞춰 멋진 묘기를 선보일 수 있다는 것이다.

심리적으로 칭찬을 받으면 계속 칭찬받을 일만 하고 싶어진다. 하지만 비난을 받으면 비난받을 짓을 하고 싶은 반발심이 생기게 마련이다. 남을 칭찬하면서 자신의 마음도 함께 즐거워진다. 상대에게 용기와 믿음을 심어주었다는 마음에서 즐거움이 생겨나는 것이다.

처음 보는 사람에게 "인상이 참 좋으십니다." 또는 남자들의 경우에는 "영화배우 장동건을 닮았다는 말 많이 들으시죠?"라는 말을 들으면 어떤 기분이 들까? 비록 그것이 자신과 거리가 먼 빈말이라는 생각이 들어도 일단 기분이 좋게 마련이다.

처음 만난 자리에서 상대방의 장점을 칭찬해주면 상대는 자연스럽게 마음이 편하게 된다. 이는 대다수의 사람들이 닮고 싶은 인물을 상대에게 비유해 자기만족의 심리를 자극하면 궁극적으로 마음의 문을 열 수 있기 때문이다.

사람들 가운데 "칭찬할 건더기를 찾아봐도 눈곱만큼도 없는데…" 하고 말하는 사람도 있다. 하지만 이는 상대에게서 아주 거창한 칭찬거리만 찾기 때문이다.

사람들 가운데 칭찬하는데 습관화되지 않은 사람도 있다. 그렇다면 '칭찬 노트'를 만드는 것도 좋은 방법이다. 상대에게 칭찬거리가 보이거나 생겨나면 곧장 노트에 기록해 둔다. 기록해 두는 것만으로도 상대의 단점보다 장점을 보는 시선으로 바뀌게 된다.

사람들과 나누는 인사와 마찬가지로 칭찬 역시 돈 한 푼 들지 않는다. 상대방에게 작은 관심만 가지면 된다. 마주하는 사람에게 진심을 담아 칭찬을 해보라. 칭찬은 오래도록 기쁨을 안겨 준다. 원만한 인간관계를 위해선 칭찬하는 습관을 몸에 길들여야 한다.

당신은 타인에게서 칭찬을 자주 들은 경험이 있을 것이다. 그 순간 어떤 감정이 들었는가? 기쁨과 함께『칭찬은 고래도 춤추게 한다』에 나오는 범고래처럼 '더 잘 해야겠다'는 생각이 들지 않았는가?

고故 김점선 화가는 그의 저서『점선던』에서 아버지의 칭찬이 자신의 인생을 바꾸었다고 고백했다. 미술 시간에 석고 데생을 하던 친구가 지우고 또 지우더니 결국 스케치북을 부욱 찢었다. 나는 보이는 대로 편안히 그리는데 친구는 야단법석을 떨었다.

"그려 줄까?"하고 물으니 친구 얼굴이 환해졌다. 나는 어렵지 않게 그려 주었다. 그 뒤에도 주변 사람들을 도와주면서 그들이 그림 그리기를 고통스러워한다는 사실을 알게 됐다. 왜 나는 그들과 다른가?

내가 그림 그리기를 좋아하게 된 것은 아버지 덕택이다.

처음 그림을 그린 것은 다섯 살 때로 기억된다. 전쟁 중 피난지인 마산에서 야트막한 산등성이에 올라 아버지 옆에서 그림을 그렸다. 아래로 보이는 피난촌의 천막집들을 꽃이 만발한 아름다운 산으로 묘사했다. 그렇게 말없이 상상화를 그리는 동안 아버지는 그냥 바라보고만 계셨다. 조금 더 자라서는 집에 손님이 오면 아버지는 나를 불러 손님을 그리게 했다. 그림을 그리고 나면 아버지는 "똑같지! 사진이야!"하며 나를 칭찬하는 것도 모자라 모든 손님으로부터 한 마디의 칭찬을 받아 냈다. 그때는 그 말을 흘려들었지만 그러한 말이 나와 다른 사람들의 차이를 만들었음을 뒤늦게 깨달았다. 나는 많은 미술대회에 나가서 상을 타 본 적이 없다. 그런데도 그림 그리는 일을 고통스러워하지 않았다.

어떤 그림은 완성하기까지 3년이 걸렸지만 안타까웠을 뿐 고통 받지는 않았다. 아버지의 칭찬이 그림 그리기를 편안한 작업으로 만들어 주었다. 끊임없는 칭찬이 세상 속에서 어지간한 일에도 끄떡도 하지 않게 하는 기초가 되어 준 것이다.

우리는 누군가로부터 칭찬을 듣게 되면 마음이 행복해진다. 자신도 모르고 있었던 장점을 상대방에 의해 알게 되었기 때문이다. 무엇보다 누군가가 자신의 능력 또는 공로를 인정해 준다는 것이 기쁘기 때문이다.

어느 택시 회사에 성미가 무척 까다로워서 직장 전체의 분위기를 우울하게 만드는 한 수리 기사가 있었다. 어느 날 인사 과장이 그 직원의 해고 문제를 사장에게 정식으로 건의했다. 그러나 사장은 그 직원이 얼마나 완벽하게 일을 해내고 있는지에 대해 칭찬하면서 없었던 것으로 하자고 말했다. 사장의 이야기는 바로 수리 기사의 귀에까지 들어가게 되었다. 그리고 놀랍게도 그 직원은 다른 사람보다도 유능하고 유머 있는 사람으로 변하게 되었다.

칭찬을 할 때는 진심으로 해야 한다. 상대방이 가식적인 칭찬을 하는지 진심이 담긴 칭찬을 하는지 표정을 보면 알 수 있다. 가식적인 칭찬은 하지 않는 것보다 못하다.

하루에 수없이 많이 오고가는 대화 속에 칭찬한 기억이 없다면 이제부터라도 아침에 한 번, 점심에 한 번, 저녁에 한 번, 하루에 최소한 세 번 이상 칭찬을 생활화하는 습관을 기르도록 하라. 우리 모두가 행복해질 수 있는 비결은 바로 칭찬의 힘이다. 칭찬은 용기를 잃고 좌절에 빠져 있는 사람에게 더없이 보이지 않는 큰 위로가 되어 주기도 한다. 또한 우리 주변을 밝고 따뜻하게 만들어 주며 모든 일에 의욕을 심어 주어 자신감을 갖게 만든다. 마음이 아름다운 사람은 진심 어린 칭찬을 아끼지 않는다. 나 혼자 잘되는 것보다 다 함께 잘될 때 시너지 효과가 생겨 더 빨리 성공한다는 것을 알기 때문이다.

3부

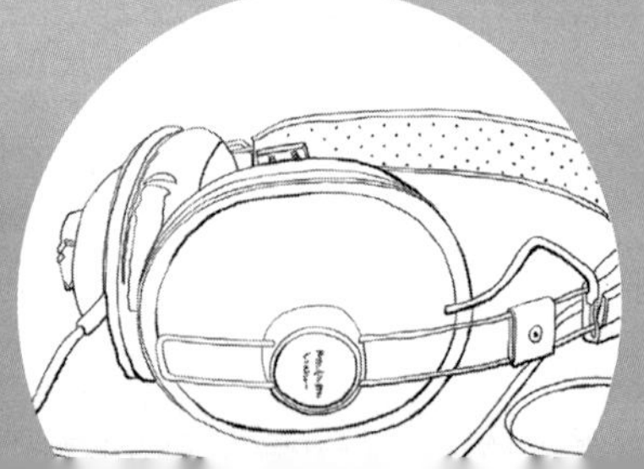

★

익숙한 것과
영원히
결별하라

"똑같은 바람으로도 어떤 배는 동쪽으로 향하고 어떤 배는 서쪽으로 향한다. 중요한 것은 바람이 아니라 돛이다. 인생을 여행하는 일도 같은 이치다. 그 방향을 결정하는 것은 평화나 전쟁이 아니라 바로 당신의 의지다." —윌콕스

1장

지금
이 순간에
몰입하라

우리에게 가장 중요한 시간은 현재이다. 과거는 이미 흘러가 버렸고 미래는 아직 다가오지 않았기 때문에 아무런 영향력도 미칠 수 없다. 하지만 현재는 얼마든지 원하는 대로 변화시킬 수 있다.

현재를 소중하게 보내야 한다. 쉽게 말해 지금 이 순간을 가장 효과적으로 생산적으로 사용해야 한다. 만약 현재를 안일하게 살아간다면 다가오는 미래 또한 과거와 크게 다르지 않을 것이다.

스펜서 존슨의 저서 『선물』은 현재의 소중함을 잘 일깨워 주고 있다. 저자는 책에서 누구에게나 주어진 '현재'라는 평범한 선물이 '일생을 좌우하는 위대한 선물'이라는 것을 말해 준다. 이 책의 줄거리를 요약하면 다음과 같다.

주인공 소년은 어린 시절 같은 마을에 사는 지혜로운 할아버지로부터 '우리의 인생을 행복과 성공으로 이끌어 주는 소중한 선물'에 대한 이야기를 듣게 된다.

그것은 마법과 같지만 결코 마법이 아니며, 내가 이미 가진 것이지만 반드시 찾아내야 하는 선물이다. 또한 그 선물은 이상한 나라의 엘리스처럼 신비한 나라에서 온 것도 아니다. 그것은 바로 내 곁에 늘 있지만 내가 알아차리지 못한 것이다.

소년은 젊은이로 성장하며 사랑을 하고 직장 생활을 해나가면서 숱한 환멸과 좌절을 겪는다. 하지만 마음의 평화를 주고 진정한 행복을 가져다준다는 '세상에서 가장 소중한 선물'을 늘 잊지 않고 생각했다. 그리고 마침내 선물의 의미를 깨닫게 된다. 그것은 믿기지 않을 만큼 평범하지만 놀랍도록 위대한 선물이었다.

'바로 지금 이 순간을 소중하게 여기며 살자. 내가 성공과 행복을 향해 한 걸음 내딛을 수 있는 것은 바로 지금뿐이다. 나는 내일을 앞당겨 돌이킬 수 없고, 어제를 다시 되돌이킬 수 없다. 오직 이 순간에 몰두하자.'

소년은 바로 지금 이 순간이 가장 소중한 선물임을 깨닫게 되면서 미래와 과거에 대해서 다음과 같이 자각하게 된다.

'미래에 대한 두려움으로 현재에 충실하지 못하면 미래는 정말 두려운 현실이 된다. 현재에 최선을 다하며 미래를 계획하자. 계획은 미래와 현재를 잇는 징검다리와 같다. 과거에서 배우지 못하는 한 과거는 영원히 나의 발목을 잡는다. 과거가 내 가슴을 아프게 한다면 바로 그 순간은 지혜로운 배움의 시간이다.'

행복하고 성공하는 인생을 원한다면 지금 현재에 집중해야 한다. 과거보다 더 나은 미래를 원한다면 과거 속에서 교훈을 얻어야 한다. 그 교훈을 통해 지금 이 순간 다르게 행동해야 미래가 달라진다.

지금 여러분의 모습은 무한한 희망의 미래와 연결되어 있다. 따라서 현재보다 더 나은 미래를 꿈꾼다면 계획을 세우고 행동으로 옮겨야 한다. 그리고 최선을 다해 현재를 소중히 여기며 살아야 한다.

2009년 1월 15일 오후 3시 30분. 승객과 승무원 155명을 태운 US 에워에이즈 소속 여객기가 뉴욕의 센트럴 파크 인근 허드슨 강에 불시착하는 사고가 발생했다. 라구디아 공항을 출발, 노스캐롤라이나 주 샬럿으로 향할 예정이었지만 이륙 직후 새떼와 충돌로 엔진에 불이 붙으면서 허드슨 강에 비상착륙하였다. 다행스럽게 여객기가 강물 속으로 침몰되기 직전, 승객들은 모두 안전하게 구조되었다. 당시 언론들은 단한 명의 사망자도 없는 점을 들어 '허드슨의 기적'이라는 표현을 썼다.

물론 공군 조종사 출신이었던 기장 체슬리 슐렌버거 3세는 '허드슨의 영웅'이라는 칭호를 받았다. 위기 속에서 155명의 소중한 탑승객의 목숨을 구한 그는 CNN 기자로부터 "어떻게 위기 모면이 가능했느냐?"는 질문에 그의 답은 간단한 한 마디였다.

"1만 9,000시간의 비행 경험 덕분입니다."

"제가 하루를 연습하지 않으면 저 자신이 알고, 이틀을 연습하지 않으면 평론가가 알고, 사흘을 연습하지 않으면 관객이 압니다."

폴란드의 피아니스트 아르투르 루빈스타인은 가는 곳마다 피아노 연주로 청중을 전율케 했다. 그는 20세기가 낳은 피아노 거장답게 청중을 매료시키는 능력이 뛰어났다.

음악성, 기교 등 모든 면에서 20세기를 화려하게 수놓았던 그의 저력은 어디에서 비롯되었을까?

"청중이 있는 한, 그리고 손가락이 움직이는 한, 연주를 계속 하겠다. 나에게 계획 같은 것은 없다. 있는 것은 오로지 실행뿐이다."

지독한 훈련으로 순간순간을 치열하게 사는 모습에서 성공 비결을 찾을 수 있다. 역시 위대한 인물은 보통 사람과는 다르게 인생을 값지고 뜨겁게 산다는 것을 알 수 있다.

옛날 어느 마을에 세 사람의 벽돌장이가 있었다.

세 사람의 벽돌장이에게 다른 사람이 다음과 같은 질문을 했다.

"당신은 여기서 무얼 하고 있습니까?"

첫 번째 벽돌장이는 이렇게 대답했다.

"보시는 바와 같다. 벽돌을 쌓고 있지요."

두 번째 벽돌장이는 이렇게 대답했다.

"하루 품삯을 벌기 위해 일합니다."

세 번째 벽돌장이는 꿈을 꾸듯 환한 표정으로 하늘을 우러러보면서 말했다.

"여기에 근사한 건물이 들어설 것입니다. 영원히 후세에 남을 대성당 말입니다. 이 지역 사람들의 가슴에 오아시스가 될 대성당이지요. 저는 그것을 위해 이토록 부지런히 벽돌을 쌓는 중입니다."

세 번째 벽돌장이의 이야기는 계속 이어졌다.

"저는 지금 벽돌장이를 하면서 야간학교에 다니고 있습니다. 건설설계 공부를 하기 위해서지요. 지금은 보잘 것 없는 벽돌장이에 지나지 않지만 두고 보십시오. 장래에는 틀림없이 일류 건축가가 되어 있을 테니까요. 그것을 위한 첫걸음으로서 우선 내년에 건설설계사 자격시험을 치를 겁니다."

첫 번째 벽돌장이와 두 번째 벽돌장이는 아무런 목표 없이 살아가고 있다. 하지만 세 번째 벽돌장이는 하찮은 벽돌 쌓는 일을 하면서 자신의 목표를 명확히 세우고 향해 나아가고 있다. 세 사람 중에 세 번째 벽돌장이는 반드시 성공하는 인생을 살게 될 것이다.

어느 유명한 심리학자는 "행복이란 감정은 목표를 향해 나아가는 과정에 느끼는 성취감이다"고 말했다. 이 말은 바꿔 말하면 목표가 없는 사람에게는 행복이란 존재할 수 없다는 뜻이기도 한다.

꿈이 없는 사람의 인생은 바다 위에서 방향을 잃은 배와 같다. 꿈이 없으니 당연히 추구해야 할 목표도 없을 것이다. 참으로 무의미한 인생이 아닐 수 없다.

지금 자신에게 '나의 꿈은 무엇인가?' 하고 자문해 보자. 혹시 꿈을 잃어버렸다면 꿈을 찾아 여행을 떠나 보는 건 어떨까? 자신만의 꿈이 없다면 성공은커녕 일상생활에서 생산적 일, 목표, 계획마저 세울 수 없다.

2장

나에게 던지는
한 마디
질문의 위력

인생에 대한 올바른 질문의 기술이 삶의 수준을 결정한다. 수준 있는 생각은 남과 다른 높은 인생을 살게 해준다. 당신의 마음속에는 질문에 대한 해답이 이미 들어 있다. 이 말에 혹 어떤 이들은 "아무리 고민해도 뾰족한 수가 떠오르지 않던데 무슨 소리를 하는 거야?"라고 반문할지도 모른다. 하지만 이는 해답을 끌어낼 수 있는 긍정적인 질문이 아니거나 가치 있는 질문을 하지 않았기 때문이다.

나는 성공한 사람과 그렇지 않은 사람들 사이에 한 가지 차이점을 발견하였다. 그것은 성공한 사람은 더 나은 질문을 하고 그 결과로 보다 현실적이고 현명한 해답을 얻는다는 것이다. 반면에, 그렇지 않은 사람은 자책하거나 후회하는 질문으로 일을 더 어렵게 만들었다. 성공 컨설턴트 앤서니 라빈스는 "성공하는 사람은 더 나은 질문을 던진다. 그래서 더 나은 해답을 얻게 된다"라고 말했다. 성공하는 사람은 자신에게 궁극적인 필요한 질문을 통해 실현 가능한 긍정의 해답을 찾게 되고 이로써 더욱 보람된 인생을 살게 되는 것이다.

소크라테스는 제자들에게 끊임없이 대화와 질문을 유도해서 그들 스스로 진리를 깨닫도록 했다. 그는 문제의 본질뿐만 아니라 문제를 해결할 수 있는 열쇠가 이미 그들의 마음속에 있다는 것을 알고 있었다.

우리는 생명을 유지하기 위해 쉬지 않고 계속 숨을 들이마신다. 마찬가지로 끊임없이 자신의 문제에 대해 성찰과 많은 질문을 통하여 고민해야 한다. 그래야 더 나은 삶을 영위하는 기회가 주어질 것이다.

'어떻게 하면 상사의 눈에 들 수 있을까?'

'어떻게 해야 이 위기를 극복할 수 있을까?'

'어떻게 아내에게 믿음을 주는 남편이 될 수 있을까?'

'어떻게 하면 그 친구와 가까워질 수 있을까?'

현실에서 부딪치며 겪어야 하는 사업 문제, 부부 문제, 자녀 문제, 직장 문제 등에 대해 더 나은 질문, 즉 긍정적인 자세로 질문을 던질 때 긍정의 답이 부메랑처럼 자신에게 되돌아온다.

한밤중에 나치들이 어느 유대인 가정에 들이닥쳤다. 단지 그들이 유대인이라는 이유만으로 찾아온 것이다. 나치들은 가족을 모두 강제로 끌고 갔다. 그리고는 짐승처럼 몰아서 트럭에 태우고 크라우코우에 있는 죽음의 수용소로 보내졌다. 이후로 눈앞에서 가족이 죽어가는 모습을 지켜보아야 했던 가장은 매일 밤마다 악몽에 시달려야 했다. 꿈속에서 아내와 아이들이 "살려 달라!"고 외쳐 댔다. 꿈에서 깨어난 그의 온몸은 식은땀으로 흥건히 젖어 있기 일쑤였다. 그렇게 힘들게 살아가고 있던 어느 날 자신을 둘러싼 악몽 같은 환경을 바라보면서 피할 수 없는 현실에 대항하기로 마음먹었다.

'나는 반드시 살아야 해. 나치들 손에서 더러운 죽음을 당할 순 없어!'

수용소에 온 지 한 달이 지나고 있었다. 그는 단 하루만 더 이곳에 머문다면 죽을 것 같은 생각에 휩싸였다. 당장 탈출해야 한다고 결심하고 살아남기 위해서 자신이 무엇을 어떻게 해야 하는지 몰랐지만 마음속에선 꼭 탈출해야 한다는 생각으로 가득 찼다.

그는 며칠 동안 다른 포로들에게 수없이 질문했다.

"어떻게 하면 이곳에서 탈출할 수 있을까요? 제발 좀 도와 주십시오."

하지만 그들의 대답은 한결 같았다.

"바보 같은 짓하지 말게. 이곳에서 탈출한 사람은 단 한 사람도 없었다네. 괜히 탈출하다가 들켜 총살당하지 말고 이렇게 하루라도 더 사는 게 낫지 않겠나?"

그는 그들의 말에 수긍할 수 없었다. 무슨 일이 있어도 수용소를 빠져나가야 한다고 생각했다. 날마다 자신에게 수없이 질문을 던졌다.

'어떻게 해야 내가 죽지 않고 살 수 있을까?'

'무사히 탈출할 수 있는 방법은 무엇일까?'

깨어 있을 때나 잠자리에 들 때에 항상 자신에게 이런 질문을 반복했다.

그러던 어느 날 근처에서 매우 역겨운 냄새가 바람에 묻어왔다. 그 냄새는 바로 시체 썩는 냄새였다. 모두들 지독한 냄새에 코를 막거나 입으로 얼굴을 가렸다. 하지만 그때 그의 머릿속에선 번갯불처럼 번쩍했다.

'그래! 바로 그거야.'

그가 일하는 작업장에서 그리 멀지 않은 곳에 가스실에서 죽은 수십 구의 시체가 트럭에 던져지고 있었다.

그는 날이 저물 때까지 트럭 뒤에서 웅크리고 있었다. 주위가 어둠에 완전히 묻히자, 옷을 모두 벗어던져 버리고 트럭 속에 있는 시체 속으로 파고들었다. 그리고 가만히 죽은 척하고 있었다.

잠시 후 트럭에 시동이 걸렸고 덜컹거리며 어디론가 달리기 시작했다. 마침내 트럭은 커다란 구덩이 앞에 멈추었다. 나치들은 수십 구의 시체를 구덩이에다 던져 넣고는 되돌아갔다. 그는 주위에 아무도 없는 것을 확인하고 시체 구덩이에서 나와 알몸으로 자유를 향해 쉬지 않고 달렸다.

그가 자신에게 '탈출하기 위한 방법'에 대한 질문 대신 다른 사람들과 부정적인 생각을 했다면 탈출할 수 없었다.

자신에게 질문을 할 때 주의할 점은 항상 부정적인 질문을 피하라는 것이다.

'왜 그는 항상 나를 못살게 구는 걸까?'

'내가 잘해 주는데도 왜 고마워하지 않는 걸까?'

'과연 그가 나를 좋아할까?'

이런 부정적인 질문은 자신에게 부정적인 해답만 줄 뿐이다. 때문에 위축이 되어 자신감이 상실로 이어질 수 있다.

다음과 같은 긍정적인 질문을 던져보자.

'내가 어떻게 하면 그(그녀)를 기쁘게 해줄 수 있을까?'

'그녀(그)의 모습에서 가장 사랑스러운 점은 무엇일까?'

'그에게 사랑 받으려면 내가 어떻게 해야 될까?'

이런 긍정적인 질문은 인생을 풍요롭게 하는 긍정의 해답을 안겨 준다. 따라서 꾸준하게 실천해 나갈 때 자신을 더욱 생산적이고 발전적인 모습으로 변화시킬 수 있다.

일상생활 속에 과학적으로 관찰하고 사고하는 질문은 우

리가 상상하는 것보다 그 이상의 큰 힘을 발휘한다. 그동안 자신이 알지 못했던 잠재력을 깨닫게 해준다. 자신의 분야에서 앞서가는 사람들 대부분은 더 나은 질문을 던진다. 그래서 결정적인 순간에 현명한 선택을 하게 되는 것이다.

운명을 변화시키고 결정하는 것은 자신이 던지는 질문이라고 해도 과언이 아니다. 어떤 질문을 던지느냐에 따라 성공적인 인생을, 때로는 불행한 인생을 살 수도 있다. 꿈꾸는 인생을 살기 위해서는 삶에 근원이 되고 힘이 되는, 핵심적인 가치 있는 질문을 해야 한다.

3장

긍정으로
도전한다,
고로 나는 된다

세상에는 수많은 사람들이 살아가고 있다. 어깨를 펴고 당당하게 걸어가는 사람이 있는 반면에, 어깨를 움츠리고 땅을 보며 걷는 사람도 있다. 이 두 사람 중에 어떤 사람이 자신감을 가지고 살아가는 사람일까?

전자의 사람이다. 자신감은 모든 사람에게 열정만큼이나 중요하다. 열정은 어떠한 일을 계속 지속시켜주는 에너지이지만, 자신감은 두려움을 제거해 주는 백신과도 같은 것이기 때문이다.

미국인 성형외과 의사였던 맥스웰 몰츠 박사는 다음과 같이 말했다.

"인생의 모든 함정과 구덩이 중에서 자기무용감(즉 자신은 아무 쓸모가 없다고 하는 느낌)은 가장 무서운 것이며 극복하기도 가장 어려운 위험물이다."

왜냐하면 그런 함정은 자신의 손으로 설계하고 파놓는 함정이기 때문이다. 그런 마음가짐은 '해봤자 아무 소용이 없어. 나는 할 수가 없을 텐데 뭐' 하는 느낌을 말한다.

스스로 쓸모없다고 생각하는 것은 개인적으로, 사회적으로 큰 손실이다. 모든 발전 가능성을 무너뜨리기 때문이다. 맥스웰 몰츠 박사가 지적한 자기무용감은 스스로 인생을 갉아먹는 패배주의를 뜻한다. 마음만 먹으면 충분히 할 수 있는 일조차 실패하게 하거나 포기하게 만든다. 그 결과 패배자로 살아가게 된다.

주위에 패배주의에 젖어 있는 사람이 있다. 패배주의는 열정적인 사람에 비해 겸손해 보일지 모르지만 그것은 겸손이 아니다. 성격의 결함이다. 겸손이란, 남을 높여주고 자신을 낮추는 미덕이지만 패배감은 자신을 무용지물로 생각을 하여 자신에게 아무런 가치도 부여하지 않는 태도를 말한다.

패배주의에 젖어 있는 사람은 자신보다 뛰어난 사람을 보면 위압감을 느끼게 되어 뒤에서 수군거리게 된다. 그러나 강한 자부심을 가진 사람은 다른 사람에게 시기나 질투심, 적개심을 느끼지 않는다. 오히려 자신보다 뛰어난 사람이 가지고 있는 강점을 비교분석한다.

세상에는 '어떤 일을 하든지 성공하는 사람'과 '어떤 일을 해도 실패하는 사람'이 있다. 이에 대해 어느 학자는 "실패와 성공 속에는 자신감이라는 영양분이 들어 있느냐, 결핍되어 있느냐에 달려 있다"고 말했다.

전쟁터에 나가는 병사들이 자신감이 없다면 아무리 많은 수의 군대라 할지라도 이미 패배한 것이나 다름없다. 적과 전쟁을 하기 전에 이미 병사들의 마음속에는 두려움으로 가득 차 있기 때문이다. 전의를 상실한 군인이 적과 맞서 싸워 이길 리 만무하다.

우리는 다양한 간접 경험을 통해 성공자의 성공 스토리를 접한다. 그들은 평범한 사람들보다 몇 배나 더 힘든 상황 속에서 용기를 잃지 않았던 사람들이다. 그래서 그들의 이야기를 접하게 되면 다시 일어나 시작할 수 있는 의지를 불태울 수 있는 계기가 된다.

자신감이 강한 사람이야말로 그릇이 큰 사람이라고 할 수 있다. 큰 그릇이 많은 것을 담을 수 있듯이 강한 자신감으로 무장한 사람은 더 큰 일을 해낼 수 있다. 반면에, 자신감이 결여되어 있는 사람은 그릇이 작은 사람이다. 조금밖에 담을 수 없는 작은 그릇처럼 성취할 수 있는 일 역시 많지 않을 것이다.

　살다보면 때론 뜻하지 않은 어려움과 난관에 부딪히게 된다. 그럴 땐 '하면 된다'는 강한 신념이 필요하다. 이러한 신념은 바로 자신감에서 비롯된다. 성공한 사람에게 자신감을 엿볼 수 있는 이유가 여기에 있다.

　자신감은 전기 제품을 움직이는 전기와도 같다. 정격 전압보다 약한 전기는 그 제품이 가지고 있는 제 성능을 발휘할 수 없는 것과 마찬가지로 약한 자신감으로는 주어진 큰일을 해낼 수 없다.

　성공을 꿈꾼다면 먼저 자신감을 회복하라. 자신감이야말로 시련과 역경을 뛰어넘어 성공의 문을 여는 중요한 열쇠이기 때문이다.

　성공한 사람은 하나같이 강한 자신감을 가지고 있다. 이들은 "잘 되어야 하는데…"가 아니라 "꼭 잘 될 거야" 하고 확신했다. 이런 자신감이 그들을 성공으로 이끌어 주었다.

　자신감은 작은 성공 경험을 통해서 얻어진다. 그런데 무슨 일이든지 처음 시도할 때는 주저하게 된다. 우리는 어렸을 때 자전거 타는 것을 배웠다. 뒤에서 누군가 자전거를 붙들고 있을 때는 전혀 두렵지가 않다. 하지만 잡아주던 자전거를 놓았을 때 자신감이 사라지면서 그대로 넘어지고 만다.

　그러나 자전거를 뒤에서 잡고 한참 따라가다가 몰래 놓았다면 어떨까? 계속 잡고 있다는 생각에 넘어지지 않고 자전거의 페달을 자유롭게 굴릴 수 있을 것이다. 이런 성공 경험으로 그 후에는 혼자서 쉽게 자전거를 탈 수 있다.

작은 성공은 나중에는 보다 큰 성공을 낳는다. 당장에 남들의 커다란 성공을 따라가려고 해서는 안 된다. 나름대로 자신에게 맞게 차분히 다양한 성공 경험을 축적해 나가야 한다. 그러기 위해선 무엇보다 자신감을 가질 필요가 있다.

최초로 전기 자동 시동기를 발명한 발명가 찰스 케터링은 이렇게 말했다.

"과학자가 되려고 뜻을 세운 청년은 한 번의 성공을 경험하기 위해선 아흔아홉 번의 실패를 감수하여야 하고 그 많은 실패로 인하여 고통을 느끼지 않아야 한다."

모든 사람이 인생을 살아가면서 수많은 시행착오와 실패를 경험한다. 그러나 실패를 두려워하기보다 성공을 위한 밑거름이라고 생각하면 쉽게 일어설 수 있을 것이며 새로운 자신감이 생겨난다. 자신감이 있는 한 실패는 실패가 아니라 연습 과정일 뿐이다. 성공을 위하여 한 걸음 더 나아가는 훌륭한 경험의 축적이 되는 것이다. 평생에 한 번도 실패하지 않은 사람이 있다면 그 사람은 큰 목표를 세우지 않거나 성공에 대해 도전하지 않은 사람일 것이다.

4장

나의
판단력과 선택을
믿는다

경상도 시골에서 자라난 한 여학생이 읍내에 있는 음악 학원에서 피아노를 배우기 시작했다. 그리고 고등학생이 되어서야 서울에 있는 피아노 선생님을 찾아가 레슨을 받았다. 여학생은 다른 아이들보다도 선생님의 지도를 무리 없이 잘 따라갔고 새로 알려주는 연주 방법도 금세 알아듣는 명석함이 있었다.

지도하는 피아노 선생님은 늘 그 학생이 조금만 더 빨리 서울로 와서 본격적인 레슨을 받았다면 얼마나 좋을까 하며 안

타까워했다.

　어느 날 여학생은 선생님에게 서울대학교 음대에 입학하겠다고 말했다. 그러자 피아노 선생님도 좀 반신반의하는 듯한 표정이었다. 아직 학생의 실력은 들쭉날쭉했고 고르지 않았기 때문이다. 하지만 자신의 생각대로 입학시험을 치르기로 마음먹었다. 입학시험을 치른 학생의 필기시험 성적과 실기시험 성적은 걱정했던 것 이상으로 좋았다. 그래도 학생은 혹시나 하는 염려 때문에 다음해 다시 도전해야겠다는 생각으로 편하게 면접시험까지 응시하게 되었다. 초조하게 기다리던 긴 순간이 지나고 잠시 후 면접관의 질문이 시작되었다. 질문은 바짝 긴장하고 있었던 학생의 두려움을 한순간 사라지게 했다.

　면접관이 묵직한 음성으로 물었다.

"작곡은 얼마나 공부했습니까?"

"4년 정도 했습니다."

이번에는 면접관이 비꼬는 듯한 투로 물었다.

"그 실력으로 우리 학교에 들어올 수 있다고 생각합니까?"

　여학생은 면접관이 자신의 주소지를 보고 무시하고 있다는 것을 눈치 챘다. 사실 예술고등학교 출신도 아닌 시골 출신이 겨우 4년을 공부해서 국내 최고의 서울대학교에 들어오겠다고 하니 비웃음이 나올 만 했을 것이다.

　하지만 여학생은 당당하게 대답했다.

“저는 떨어지더라도 경험 삼아 이 학교에 도전한다는 생각
은 한 번도 한 적이 없습니다. 꼭 이 학교에서 공부하겠다는
목표를 세우고 열심히 했습니다. 저는 누구보다 음악을 사랑
하고 좋은 음악을 만들 것입니다. 그러기에 항상 최선을 다
할 것이고 제 자신을 믿고 여기까지 왔습니다. 교수님께서
저를 떨어뜨리신다고 하더라도 저에 대한 믿음을 버리지 않
을 것이고, 결코 실망하지 않을 것입니다.”

여학생은 면접을 마치고 나오면서 자신이 떨어질 것이라
고 생각하면서도 아주 편안하고 만족스러운 기분이었다.

며칠 후 마침내 합격했다는 통보를 받았다. 여학생은 비록
다른 지원자들에게 실력은 떨어졌지만 누구보다 자신의 지
혜로운 판단과 선택을 믿었다. 그런 당당함이 있었기에 면접
관 앞에서 자신 있게 자신을 드러낼 수 있었던 것이다.

만약에 여학생이 면접관에게 두려운 표정으로 말했다면
어땠을까? 분명 입학의 기회는 다른 학생에게 주어졌을 것이
다. 두려운 표정은 스스로 실력이 낮다는 것을 인정하는 것
과 같기 때문이다. 세상에 실력이 없고 패기가 없는 사람에
게 기회를 줄 사람은 아무도 없다.

중학교 시절에 친구와 오백 원짜리 동전을 던져서 내기를
하곤 했다. 나는 학이 있는 앞면을 선택하고, 친구는 500의
숫자가 적힌 뒷면이 나올 때 아이스크림을 사기로 했다.

처음에는 학이 있는 면이 자주 나오는 듯해서 속상했지만,

시간이 지날수록 500이 적힌 뒷면이 더 자주 나왔다. 결과적으로 나와 친구는 서로 비슷하게 아이스크림을 샀다.

인생도 동전의 양면과 비슷하다. 비록 지금은 자주 실패하고 좌절하더라도 계속 노력하다 보면 언젠가는 눈부신 날이 찾아올 것이다.

쉬지 않고 자신이 좋아하는 일에 집중한다면 반드시 기회가 다가오게 마련이다. 그러나 대부분 사람은 처음에는 열정적으로 시작하지만 시간이 지나면서 포기하게 되고 다른 일에 기웃거리게 된다. 그 순간부터 성공의 확률은 실패와 성공의 중간 지점에서 실패 쪽으로 기울게 된다.

성공한 사람은 명석한 두뇌와 해박한 지식보다는 넘어져도 다시 일어서는 오뚝이 같은 정신을 가진 사람들이다. 이들은 주위에서 아무리 불가능하다며 만류해도 스스로를 믿고 끝까지 밀고 나갔다. 포기하지 않고 도전하는 그런 우직한 믿음으로 성공할 수 있었다.

대부분의 여성은 쇼핑할 때 혼자 하는 것보다 친구와 함께 하는 경우가 많다. 친구와 함께 쇼핑을 하게 되면 자신에게 잘 어울리는 상품을 고를 확률이 높기 때문이다. 그런데 한 가지 문제가 있다. 자신이 마음에 들어 하는 상품을 친구가 "그건 별로야." 하고 말하면 그대로 제자리에 놓아버린다는 것이다. 반대로 친구가 "아주 멋있어." 하고 말하면 옷을 입어보고 선뜻 구입한다. 이런 사람은 자신의 판단을 미심쩍어

하는 경향이 있다. 자신의 선택이 옳은 것인지 그른 것인지 누군가에게 확인 받고 싶어 한다. 이런 경향은 성장기 때 부모 혹은 형제들에게 판단의 많은 부분을 맡겨 온 사람일수록 강하게 나타난다.

스스로 판단을 내릴 수 없는 사람은 중요한 선택과 결정의 순간 앞에서 망설이며 불안한 모습으로 어떻게 해야 할지 고민하게 된다. 그러다 결국 그릇된 선택과 결정을 내리게 된다. 자신의 판단과 선택을 믿고 결연하게 결정할 수 있어야 한다. 사회는 자신을 신뢰하는 사람을 원한다. 자신의 생각이나 행동에 대한 결정을 내릴 수 없는 사람은 사회생활에서도 올바른 결정을 내릴 수 없기 때문이다.

자신을 신뢰하는 것은 스스로의 판단에 대한 전적인 성공을 담보로 하는 것은 아니다. 경우에 따라서는 실패할 수도 있다. 하지만 성공하든 실패하든 그 결과는 자신이 책임진다는 생각만으로도 당당해질 수 있다. 자신의 판단이 최선의 결과를 가져오지 못할 것에 대한 두려움을 버려야 한다. 스스로를 신뢰하지 못한다면 그 누구도 자신에게 믿음을 가질 수 없다.

5장

주도적인 삶을 만들어라

인생을 대하는 태도로 주도적인 태도와 소극적인 태도로 나누어 볼 수 있다. 주도적인 태도는 자신이 주인이 되어 살아가는 태도를 말한다. 자신의 행복을 주변에서 일어나는 사건에 맡기는 것이 아니라 스스로 운명을 이끌어가는 삶이다. 스스로 세운 가치관에 따라 반응하고, 자신의 행동에 대해 책임을 진다.

그러나 소극적인 태도는 수동적으로 반응하는 삶의 자세이다. 자극과 반응 사이에 가치관이라는 필터가 존재하지 않는 형태이다. 싫은 소리를 들으면 곧바로 짜증을 내는가 하면, 아프면 소리 지르고, 길이 막히면 불평하고, 일이 뜻대로 안 되면 분통을 터뜨리는 그런 비이성적인 삶이라고 할 수 있다. 이런 태도를 취하는 사람은 목적의식이 결여되어 늘 제자리걸음이다. 그렇다면 주도적인 삶을 살기 위해선 어떻게 해야 할까? 먼저 '하는 척 인생'을 거부해야 한다. 직장인 가운데 일은 대충하면서 열심히 하는 것처럼 보이려고 애쓰는 사람이 많다. 그들은 얼마나 효과적으로 일을 하는가에는 관심이 없고, 어떻게 하면 이래저래 놀면서 남들 눈에 열심히 일하는 것처럼 보일 수 있을까에 에너지를 쏟는다. 그러다보면 자연스레 동료보다 뒤처지고 조직의 눈 밖에 나게 된다.

'하는 척 인생'을 사는 사람은 스스로 확실한 기준을 세우지 못하는 사람이다. 이런 사람은 남이 세운 기준대로 살 수밖에 없다. 일은 하기 싫은데 모범을 보이려니 '하는 척하게 되는 것'이다.

어느 조직이나 자신의 모습과는 다른 모습을 보여주려고 매일매일 지쳐가는 삶을 사는 사람이 있다. 이런 사람은 스스로 인생을 좀먹고 있다. 지금 이 순간 '내 모습은 어떤가?', '남들이 나를 어떻게 볼까?' 하는 생각에서 벗어나야 한다. 남들이 정해 놓은 가치 기준에서 벗어나 자신만의 시각과 규칙을 세울 수 있어야 한다.

조직 생활을 하다 보면 늘 도전에 직면하게 된다. 그리고 도전에 싸워 이기려면 무언가 선택을 해야 한다. 그 과정에서 심한 스트레스에 시달리게 된다. 하지만 스트레스가 싫다고 해서 도전에서 달아날 수는 없다.

"도전을 피할 수 없다면 차라리 즐겨라."

도전을 외면할 수는 없지만 즐길 수는 있다. 도전에서 오는 자극이 자신을 한 단계 업그레이드 시켜주는 트레이닝으로 받아들인다면 좀 더 발전된 삶을 살 수 있다.

대기업 임원으로 있는 김 씨는 불합리한 경영 구조 때문에 극심한 스트레스에 시달렸다. 그럴 때마다 자신이 '왜 여기에 몸담고 있나?'라는 생각에 사로잡혀 하루에도 수십 번 사표를 던지고 싶었다. 그러던 어느 날 우연히 젊은 경영 컨설턴트가 사장을 향해 당차게 질문을 던지는 모습에서 큰 자극을 받았다. 그리고 자신도 그처럼 도전을 피하지 않고 당당하게 맞서기로 했다. 그러자 자신에게서 여러 가지 강점을 발견할 수 있었다. 그는 일 년 간의 준비 끝에 대기업 임원 자리를 박차고 나와 3개월간 무보수의 과정을 거치면서까지 컨설팅 회사에서 일하게 되었다. 그는 현재 자신이 창업한 컨설팅 회사의 사장으로 열정을 태우고 있다. 어느 날 그는 웃으며 말했다.

"나보다 더 파란만장한 삶을 산 사람은 없을 겁니다. 하루에도 수십 번 '당장 때려치워야지' 하는 생각이 들었습니다. 하지만 어려움이 있을 때마다 피하지 않고 당당하게 맞서니 길이 보이더군요.”

자극을 즐거운 마음으로 받아들이면 뜻하지 않은 선물이 된다. 자극을 즐기다 보면 ‘내가 원하는 일’이 무엇인지 알게 되는 것이다. 그리고 스스로 어떤 순간에 흥분과 열정을 느끼는지 알게 된다. 흥분과 열정을 느끼는 일이야말로 자신이 진정으로 좋아하는 일이다.

자극은 여러 가지 모양으로 나타난다. 그래서 때로는 우리를 힘들고 귀찮게 만든다. 어쩌면 고통이라는 모양 뒤에 기회가 숨어 있는지도 모른다. 아무리 피하고 싶은 자극이라도 긍정적인 눈으로 바라보자.

우리는 인생을 살면서 여러 가지 시행착오를 거치게 마련이다. 하지만 이 시행착오를 통해 자신의 능력을 발견하고 자신이 진정으로 좋아하는 일을 찾아낸다. 때문에 시행착오는 자신이 좋아하는 일을 찾아낼 수 있게 도와주는 트레이닝 코치와 같다. 성공적인 인생을 살기 위해서는 다음의 두 가지 기본 원칙이 필요하다.

첫째, 주도적인 삶의 태도를 가져라.

평소 ‘내 인생은 내가 주인이다’라는 생각으로 생활해야 한다. 마감 기한 내에 주어진 일 처리하기, 약속 지키기, 자기 계발에 힘쓰기 등 자신과 한 약속은 반드시 지켜야 한다.

둘째, 자주 꿈과 목표를 확인하라.

평소 자신이 꿈과 목표를 잊고 사는 건 아닌지 확인해야 한다. 꿈과 목표의 중요성은 아무리 강조해도 지나치지 않다. 꿈과 목표가 확고한 사람은 어떤 시련과 역경을 마주쳐도 당당하게 자신의 길을 간다.

그러나 목표가 불분명한 사람은 모든 일이 힘들게 느껴진다. 어떻게 하면 고통을 주는 그 일에서 벗어날 수 있을까 하는 생각뿐이다. 절대 이 같은 태도에서는 어떤 발전도 기대할 수 없다.

즐겁게 일하는 사람과 마지못해 일하는 사람 사이에는 엄청난 차이가 있다. 전자는 더 좋은 방법과 수단을 찾아 능동적으로 연구하는 반면에, 후자는 죽지 못해 일하는 셈이다. 몇 년 후 누가 더 성공하는 인생을 살고 있을까?

성공의 씨앗은 사소한 습관 속에 숨어 있다. 성공을 간절히 원한다면 꿈과 목표, 가능한 계획을 세우고 실천해야 한다. 모든 성공은 실천에서 비롯된다. 성공과 실패를 떠나 행동하는 그 자체에 큰 의미가 있다.

6장

원하는 일을
꿈꾸고
실행하라

밤길을 가는 나그네에게 길잡이 역할을 해주는 것은 북극성이다. 깜깜한 밤길에도 빛나는 북극성이 있기 때문에 방향을 잃지 않고 목적지를 향해 나아갈 수 있다.

마찬가지로 우리에게도 북극성 같은 꿈이 있어야 한다. 지금 자신이 처해 있는 현실이 암담하고 절망적이라도 미래의 꿈이 있기에 웃을 수 있다. 오늘의 고통을 환희로 바꾸어 줄 꿈이 살아갈 힘을 주기 때문이다. 꿈은 사람이 줄 수 없는 용기와 확신을 준다.

만일 꿈이 없다면 길을 잃은 나그네가 늪에 빠지거나 숲 속을 헤매듯 방황하는 인생이 된다. 바람에 이리저리 나부끼는 낙엽처럼 살아가는 사람은 인생에서 그 어떤 의미도 발견할 수 없다.

영국의 정치가 벤자민 디즈레일리는 이렇게 말했다.

"나는 오랫동안 명상한 결과 다음과 같은 확신을 스스로 얻게 되었다. 꿈을 지닌 인간은 반드시 성취하도록 되어 있으며 꿈을 성취하고자 하는 그의 의지를 꺾을 만한 것은 아무것도 없다."

1979년 호주의 한 무명 배우가 길거리에서 술 취한 세 남자와 시비가 붙는 바람에 곤죽이 되도록 두들겨 맞았다. 그는 다음 날 중요한 오디션을 앞두고 있었다. 그런데 얼굴이 온통 상처와 멍투성이였으니 결과는 불을 보듯 뻔했다.

그러나 그는 포기하지 않고 오디션에 참석했다. 사실 마음은 이미 오디션에 대한 기대를 접었다.

'이 얼굴로 오디션에 통과할 순 없을 거야.'

그의 차례가 되자 감독으로 보이는 사람이 그의 얼굴을 관심 있게 쳐다보았다. 그는 할리우드에서 활동하는 조지 밀러라는 감독이었다. 무명 배우의 차례가 끝나자 조지 밀러가 일어서서 그에게 걸어와 악수를 건넸다.

"오늘 오디션을 위해 얼굴을 일부러 그렇게 만들다니, 정말 열정이 대단하군요."

"아니, 저… 그게…"

"당신이야말로 우리가 찾고 있던 사람이야."

이렇게 해서 무명 배우는 뜻하지 않게 영화 「매드맥스」에 출연할 수 있게 되었다. 영화가 개봉되자 많은 관객들이 몰려 흥행에 성공했고 무명 배우는 세계적인 스타의 반열에 오르게 되었다. 그 무명 배우가 바로 멜 깁슨이다. 그의 상처 투성이 얼굴이 그에게 새로운 운명의 기회를 가져다준 것이다. 절망적인 상황에 처해도 확고한 꿈을 가져라. 꿈은 그에 맞는 믿음과 확신을 심어준다. 뿐만 아니라 자신이 나아가야 할 방향을 제시한다. 그래서 성공자가 되기 위해서는 하나같이 꿈을 가져야 한다.

직장을 그만둔 김 씨는 새로운 각오를 다질 겸해서 외국으로 여행을 떠났다. 그런데 그곳에서 한국인 동시통역사를 만나면서 새로운 희망을 발견했다. 자신도 동시통역사가 되고 싶다는 의욕이 솟아 났다.

하지만 지방에 동시통역 교육을 하는 학원이 없어 독학으로 공부를 했다. 혼자서 해외 뉴스를 듣고 받아쓰고 말하는 연습, 영작, 번역 등을 매일 밤늦게까지 했지만 그는 보기 좋게 몇 번이나 동시통역 대학원 시험에 떨어지고 나서 위기감을 느끼기도 했다.

"시험에 두 번 떨어졌을 때 문득 이런 생각이 들었습니다. 백수 생활에서 오는 비참함보다는 나의 꿈이 멀어지고 있다는… 그래서 절망감에 많이 힘들었습니다."

천신만고 끝에 그는 2000년에 동시통역대학원 시험에 합격했다. 지금은 대기업에서 동시통역사로 일하며 또 다른 꿈을 키워 가고 있다.

그는 백수 생활을 통한 절망 속에서 '정말 나 자신이 원하는 일이 무엇일까' 하고 진지하게 고민했다. 그때의 절망이 지금의 자신을 있게 한 기회였다고 주위 사람에게 당당하게 말한다.

"남들보다 몇 배나 힘들었지만 끝까지 꿈을 잊지 않고 포기하지 않았기 때문에 이룰 수 있었던 것 같습니다."

'포기하지 않으면 언젠가 기회가 온다.'

대부분의 사람은 이 말을 잘 알면서도 잊고 살아간다. 특히 꿈이 없는 사람에게는 더욱 그러할 것이다.

지금 자신의 통장에 잔고가 없다고 슬퍼하기보다 정작 꿈이 없음을 슬퍼해야 한다. 우리가 살아가는 데 필요한 행복을 가져다주는 것이 바로 꿈이기 때문이다.

자신만의 성공 철학을 세운 지그 지글러가 말했다.

"꿈은 구체적이어야 한다. 구체적인 꿈이 없는 사람은 자신이 어떤 일을 해야 할지, 또 어떻게 해야 할지 모른다."

꿈이 없는 사람은 꽃향기가 없는 조화와 같다. 아무리 조화가 아름답더라도 벌과 나비가 날아들지 않는다. 마찬가지로 이런 사람의 인생에 기쁨과 행복, 만족과 성공이 있을 리

만무하다. 지금 자신이 불행하다고 생각되는가? 그렇다면 먼저 스스로에게 분명한 꿈과 목표가 있는지 자문해 보라. 확고한 꿈이 있는 사람은 절망 속에서도 웃음을 잃지 않는다.

지그 지글러의 말을 가슴 깊이 새겨 보자.

"행동가가 되라. 꿈을 가지고 행동하지 않으면 당신의 꿈은 이루어지지 않는다. 가만히 있지 말고 행동하라. 항상 '진취적인 사람'이 되라."

7장

내 인생의
롤 모델을
찾아라

우리는 주위에서 고생 끝에 성공한 사람들의 얘기를 종종 듣게 된다. 하지만 그들이 우연한 기회에 성공이라는 정상에 우뚝 설 수 있었던 것은 아니다. 힘겨운 생활을 하고 있을 때에도 그들은 자신이 진정으로 원하는 일이 무엇인지 파악한 후 명확한 목표를 세웠다.

인생에 목표가 있느냐 없느냐에 따라 성공의 여부가 달려 있다. 목표 없이 살아간다면 드넓은 바다에 나침반 없이 떠 있는 배와 다를 바 없다. 목표가 없으면 성공은 밤하늘에 떠 있는 별처럼 볼 수는 있지만 소유할 수는 없다.

사람은 누구나 꿈꾸는 인생을 살고 싶어 한다. 그러면서 성공은 특별한 사람만이 이룰 수 있다고 착각한다. 절대 그렇지 않다. 성공은 많이 가졌거나 많은 지식을 알고 있다고 해서 쉽게 이룰 수 있는 것은 아니다. 아니 그 반대이다. 우리나라의 가장 대표적인 기업의 경영자였던 현대그룹의 창업자 고故 정주영 회장과 삼성그룹의 창업자 고故 이병철 회장처럼 가난하고 못 배웠던 사람 중에서 큰 부자가 탄생되었다.

먼저 어려운 가난을 극복하고 성공한 인물 가운데 몇 사람을 예로 보자.

앤드류 카네기는 철강 사업에 전념하여 세계 거부가 되었고, 미국 전역의 공공도서관에 자신의 이름을 새겨 놓았다. 윌슨 대통령은 25년간 대통령이라는 꿈을 가슴에 품었고, 마침내 그는 백악관의 주인이 될 수 있었다. 조지 이스트만은 코닥 사진기에 전념해 그 기발한 생각 하나로 갑부가 되었다. 또한 세상 사람에게 사진 찍는 즐거움을 안겨 주었다. 이 외에도 우리가 알고 있는 성공한 인물은 수없이 많다.

크고 작은 성공은 쉽게 이루어지진 않는다. 자신의 능력을 깨닫고 명확한 목표를 설정했을 때 기회가 보이고 새로운 길이 열리는 것이다.

성공하는 삶을 살기 위해선 강한 의지가 반드시 필요하다. '올해에는 꼭 취업해야지', '일을 할 수 있으면 소원이 없겠다'라는 약한 의지는 어떤 도움도 되지 않는다. '내가 좋아하는 직종에서 일할 거야', '꼭 그 회사에 입사하고야 말겠어'라는 강한 의지는 반드시 원하는 것을 이루게 해준다.

목표 달성을 위해서는 '언제까지 이루고 말겠다'라는 기한을 정하는 것이 좋다. 기한을 정하면 적당한 긴장감으로 잠재의식이 깨어 있게 된다. 잠재의식은 강력한 자석과 같다. 성공을 이루기 위해 필요한 것을 끌어당긴다.

목표에 좀 더 집중하기 위해서는 성공한 사람을 롤 모델로 삼을 필요가 있다. 그들이 성공을 이룬 과정을 살펴보면 자신도 모르게 목표에 대해 뜨거운 열정과 의지를 가질 수 있게 된다. 그 열정과 의지는 때로 포기하고 싶은 마음이 들 때마다 계속 나아가게 해준다.

롤 모델은 자신이 걷고 있는 분야에서 성공한 사람들 가운데 찾는 것이 좋다. 또 부모에게 유산을 물려받아서 성공한 사람보다는 자수성가한 사람이 도움이 된다. 그 가운데서도 거의 무일푼으로 시작한 사람을 찾는 것이 좋다. 그들은 정상에 오르는 방법을 확실히 알고 있기 때문이다.

성공한 사람을 모델로 삼았다면 똑같이 따라하면 된다. 열등생이 우등생을 따라 공부하면 성적이 오르듯이 분명 더 나은 삶을 사는데 도움이 된다. 정상에 오른 사람들은 자기만의 특별한 생각과 행동으로 일을 했다. 따라서 여러분이 그들과 같은 재능을 계발하고 똑같이 생각하고 같은 행동을 한다면 그들만큼 성공할 가능성이 커진다.

사람들은 성공한 사람을 보며 이런 생각을 한다.

'저 사람은 무엇 때문에 성공할 수 있었을까?'

'성공 비결은 과연 무엇일까? 왜 나는 성공할 수 없는 걸까?'

성공한 사람에게는 보통 사람에게 없는 특별한 점이 있다. 그것은 사람에 따라 다르겠지만 중요한 것은 바로 '성공의 씨앗'이다.

크라이슬러 전 최고경영자인 리 아이어코카는 젊은 서른 여섯의 나이에 포드 자동차의 사장이 되었다. 그는 자동차보다 많이 팔린 무스탕을 개발했고 나중에는 파산한 크라이슬러를 정상으로 올려놓았다. 그가 이처럼 성공을 거둘 수 있었던 비결은 무엇이었을까? 그 비결을 일곱 가지로 들 수 있다.

1. 인생에 대한 열정을 갖고 있었다.

그는 누구보다 자동차를 사랑했고, 자신이 하는 일을 사랑했다. 이처럼 무엇에 대한 강한 열정이야말로 성공적인 삶을 사는 출발점이 된다.

2. 뛰어난 대화의 기술을 지녔다.

유능한 대화법은 거의 모든 분야에서 정상에 이르는 데 꼭 필요한 장점이다.

3. 사람들이 원하는 것에 귀를 기울였고 그것을 제공했다.

스포츠형 승용차 무스탕의 성공이 대표적인 예로, 고객이 무엇을 필요로 하는지 귀 기울여 그것을 충족시켜 주었다.

4. 본받아야 할 모델을 정하여 그들에게 많은 지식을 얻었다.

5. 뛰어난 판매 기술을 가지고 있었다.

자기 회사의 제품은 물론이고 자신까지도 팔 수 있었다.

6. 그는 누구보다 옷을 잘 입었다.

남들에게 성공한 기업가처럼 보이기 위해 의복에 세심하게 신경 썼다.

7. 실패를 딛고 다시 오뚝이처럼 일어섰다.

포드 자동차 회사에서 해고되었을 때도 실망하지 않고 나중에 더 큰 성공을 이루었다.

그는 젊은 청년 이상으로 넘치는 열정을 가지고 있었을 뿐만 아니라, 일 자체를 너무나 사랑했다. 또 오로지 자신만을 위하기보다 남을 배려하고 사랑하는 마음을 지녔고 남의 작은 이야기에도 귀 기울였다. 이러한 요소가 리 아이어코카에게 성공의 밑거름이 되어 주었다.

8장

성공의
한 우물을
깊게 파라

무엇이든지 처음 가졌던 초심初心을 끝까지 잃지 않아야 한다. 그러할 때 자신이 추구했던 바를 성취할 수 있다. 하지만 초심을 잃지 않기란 말처럼 쉽지 않다. 주위 사람이 중간에 좀 더 쉬운 길로 돌아가라며 때때로 많은 유혹을 하기 때문이다.

애연가라면 누구나 담배를 피우면서도 끊을 결심을 수도 없이 했을 것이다. 처음에 하루 이틀은 담배를 피우지 않고 견뎌 낸다. 그러나 사흘째 되는 날에 직장 동료나 친구가 피

위대는 담배 연기에 그만 무릎을 꿇고 만다. 그러다가 담배를 끊기로 한 자신을 이렇게 합리화시킨다.

'담배 피운다고 다 나쁜 것만은 아니야. 쌓인 스트레스를 풀어주고 가끔은 새로운 기분 전환도 되잖아.'

이는 자기 변명에 불과하다.

가슴속에 꿈이 있는 사람은 초심을 잃지 않아야 한다. 초심만 잃지 않으면 목표를 달성할 수 있다. 초심은 마음속에 자라나는 잡초 같은 부정적인 사고를 제거해 준다. 또한 자신이 계획한 목표를 한시도 잊지 않게 해준다. 하지만 사람들은 자신의 꿈을 이루지 못하는 이유를 자신의 내부가 아닌 외부에서 찾으려 한다. 그러다 보니 꿈을 성취한 사람을 보면 특별한 행운을 만난 사람이라고 합리화하게 된다.

금광을 찾아 산을 헤매던 광부 한 사람이 있었다. 그는 삽과 곡괭이를 들고 이 산, 저 산을 돌아다닌 끝에 광맥을 찾아냈다. 그러나 금을 채굴하기 위한 기계와 장비가 필요했다.

광부는 친구들에게 자금을 빌려 필요한 장비를 구입한 뒤, 땅을 파내려 갔다. 착암기로 파내려 가는 만큼 그는 희망에 들떠 있었으나 갑자기 광맥이 사라져버렸다. 순간, 희망은 산산조각이 났다. 좌절에 빠진 그는 더 이상 파내려 가는 것을 포기하고 채굴 장비를 싼값에 고물상에게 팔고 광맥을 찾아 다른 곳으로 이동했다. 그런데 그 장비를 산 고물상은 혹시나 해서 광산 기사를 데리고 이 산이 정말로 광맥이 있는지 조사했다. 광산 기사는 채굴을 단념한 지층의 2미터 아래에 금광이 있음을 눈으로 목격했다. 그리하여 고물상은 이 광맥에서 수백만 달러의 금광석을 캐냈다.

광부는 처음에 어떻게든 광맥을 찾아내겠다고 결심했을 것이다. 그래서 금을 채굴하기 위한 기계와 장비를 구입하였지만 자신의 노력이 기대에 미치지 못하자 처음의 결심을 잃어버리고 말았다. 조금만 더 인내심을 가지고 땅을 파내려 갔더라면 자신의 꿈을 이룰 수 있었을 것이다.

도중에 포기하는 것은 어리석은 일이다. 도중에 포기한다면 그동안 공들였던 모든 노력과 시간이 무용지물이 된다. 차라리 그 시간에 다른 생산적인 일을 했더라면 더 나았을지도 모른다.

'살면서 얼마나 많은 성공과 기회를 쉽게 보내버렸을까.'

이런 생각을 해본 적이 있는가? 이런 생각이 들 때면 '내일부터는 최선을 다해 살아야지' 라는 생각이 들게 마련이다.

중요한 것은 마음이 '작심삼일作心三日' 이라는 것이다. 우리의 마음이 초심을 쉽게 잃어버리기 때문에 작심삼일이란 말이 생겨났다. 누구나 초심을 잃지 않고 매일 꿈을 향해 나아간다면 꼭 이룰 수 있다.

우리의 마음은 마법 상자와도 같다. 밝은 사고를 가지면 행복한 모습으로 아침을 맞을 수 있다. 반대로 어두운 사고를 가진다면 불평불만이 가득한 모습으로 하루를 시작할 것이다.

성공과 실패를 만드는 가장 큰 원인은 자신의 마음 가짐에 있다. 마음 자체는 아무것도 아니다. 성공을 향한 갈망을 굳건한 의지와 신념으로 한 걸음 한 걸음 나간다면 머지않아 정상에 서게 될 것이다. 그러나 실패에 대한 불안은 실패를 끌어당기는 힘을 지니고 있다. 또한 그런 불안은 마음을 혼란과 고통 속으로 내몬다. 이처럼 우리의 마음 가짐은 실로 중요하다.

소설가 이외수 씨는 이런 말을 했다.

"감자 농사를 짓는 사람은 농사만 제대로 지으면 감자가 돈을 가져다줍니다. 그런데 돈에 관심을 가지고 농사를 하면 돈이 안 됩니다. 사람들은 '내가 하는 일이 돈이 안 되면 어떡하지?' 하고 고민만 하는데, 사실 돈이 안 되는 분야는 없습니다. 어느 분야에서건 제대로 해서 상위 10퍼센트 안에 들어가면 먹고 살아갈 걱정은 안 해도 됩니다."

"30대 때부터는 가만히 앉아 있지 말고 일어나서 10년을 바쳐야 합니다. 아무리 감각이 둔하고 머리가 둔하더라도 3년을 집중하면 기초가 다져집니다. 그 다음에 7년을 깎아 바치면 그 분야에서 존경을 받게 됩니다. 병뚜껑을 줍더라도 몇십 년 동안 그것만 하면 사람들이 다 알아주는데 하물며 다른 일은 어떻겠습니까?"

"글을 쓸 때는 누구보다 치열합니다. 가뜩이나 괴팍한 성격인데 글이 잘 안 써질 때 어떻게 하냐고 간혹 묻는 사람이 있습니다. 그러면 저는 될 때까지 한다고 합니다. 중간에 그만두면 리듬이 끊어지기 때문에 물고 늘어져서 될 때까지 계속 합니다."

이외수 씨는 베스트셀러 작가로 유명해졌지만 과거 20대 시절에는 노숙 생활을 했을 만큼 힘들었던 시기를 겪어야 했다. 그런 힘든 상황에서도 자신의 꿈을 잃지 않았다. 그 결과 오늘날 신작을 출간하면 베스트셀러가 되는 인기 작가로 될 수 있었다.

영국의 정치가 벤자민 디즈레일리는 이렇게 말했다.

"성공의 비결은 목적의 불변에 있다. 하나의 목표를 가지고 꾸준히 나아간다면 성공한다. 그러나 사람들이 성공을 못하는 것은 처음부터 끝까지 한길로 나가지 않았기 때문이다. 최선을 다해서 뚫고 나아간다면 만물을 굴복시킬 수 있다."

벤자민 디즈레일리는 성공은 목적의 불변에 있다고 말했다. 많은 사람이 실패하는 인생을 사는 것은 꾸준히 목적을 향해 나아가지 않았기 때문이다. 그들은 목표를 향해 나아가는 과정에서 장애물이 앞을 가로막으면 쉽게 포기했다.

성공을 크게 어렵다고 생각하지 않아야 한다. 모든 것은 마음먹기에 달렸다. 하루하루 자신의 결심을 잊지 않고 굳건하게 꿈을 향해 나아갈 때 반드시 꿈을 성취할 수 있다. 마지막으로 이외수 씨의 말을 가슴에 새겨 보라.

"저처럼 '한 놈만 10년 패겠다'는 생각으로 올인하십시오.
그것이 장점이 되어 열등감을 가려 버릴 겁니다."

성공을 위해서는 자신의 일에 큰 흥미와 관심을 가져야 할 뿐 아니라, 온 몸을
던져 빠져들어야 한다. – 리자청

9장

인생을
한 권의 책처럼
살아라

아침에 일어나 일할 곳이 있는 사람은 정말 행복한 사람이다. 당신의 주위에 직장에서 명예퇴직을 강요받았으나 집에는 말도 꺼내지 못한 채 구조조정을 당한 사람이 있을 것이다. 내가 아는 선배는 하루아침에 직장을 잃고 공원이나 산에서 시간을 보내고 퇴근 시간에 맞춰 집으로 돌아오곤 한다. 이들 외에도 아침에 집을 나서서 갈 곳이 없어 만화방이나 PC방 등으로 출근하는 사람도 있다.

일부 경제학자들은 지금의 경제 상황이 전쟁이 일어났을

때보다 더 심각한 상황이라고 우려의 목소리로 말한다. 한쪽에서는 하루에 밥 한 끼를 해결하지 못해 영양실조로 고통 받는 이들도 많다. 이런 상황에서 그저 일이 힘들다고 핑계로 그만두는 사람이 있다면 경제의 심각성이나 청년을 포함한 취업의 대란에 대해 전혀 모르는 사람이다.

부모를 잘 만난 덕택에 아무런 부족함을 모르고 걱정 없이 모든 것을 풍부하게 누리며 자란 사람은 때로는 신념과 인내력이 약하게 마련이다. 온실에서 자란 화초가 강한 비바람에 쉽게 쓰러지듯이 곱게 자란 사람 또한 약할 수밖에 없다. 그래서 옛말에 "젊어서 고생은 사서도 한다"는 말이 있다.

몇 해 전에 경주시 환경미화원 채용 시험에 합격한 사람 중에는 최초로 대학교 출신이자 최초의 미혼 여성이 있었다. 그녀는 채용 시험에 합격 후 이렇게 말했다.

"일반적으로 소외계층의 일이라고 여겨지는 환경미화원에 도전해 보고 싶었습니다. 가족들도 처음에는 반신반의했지만 막상 합격했다니까 놀라워하며 축하해주더라고요. 그땐 정말 기뻤습니다."

곧 이 소식은 뉴스와 인터넷을 통해 사람들에게 전해졌다. 그러자 이후에 다른 미혼 여성들도 채용 시험에 응시하기 위해 몰려드는 현상이 빚어지기도 했다.

우리는 누구나 힘든 고생을 가급적이면 피하고 싶어 한다. 반대로 정신적, 육체적으로 쉽고 편한 일을 하고 싶어 한다.

그러나 무작정 쉽고 편한 일을 하는 것은 한순간에 불과하다. 따라서 오늘보다 더 나은 내일을 기대할 순 없다. 그런 일을 통해 자신이 어떤 일을 좋아하는지, 적성에 맞는지를 파악할 수 없기 때문이다. 그러다보면 진정 자신의 일을 가질 수 없을뿐더러 다람쥐 쳇바퀴 돌듯 시간을 낭비하며 살게 될지도 모른다.

촘촘한 가시 속에 튼실한 알밤이 들어 있듯이 숱한 고생 속에 눈부신 미래가 깃들어 있다. 비록 몸은 고단하더라도 고생을 외면해선 안 된다. 젊었을 때, 기회가 닿는 대로 여러 가지 많은 일을 하며 나름대로의 인간관계와 다양한 일에 대한 충분한 경험을 하는 것이 좋다.

그렇다고 무작정 일을 하면서 짧은 기간 안에 그만두는 것은 득보다 실이 클 수도 있다. 오히려 자신에 대해 깊이 생각해 볼 여유도 없을뿐더러 소중한 시간만 허비하게 된다.

같은 일을 하더라도 사람에 따라 즐겁다고 말하는 사람도 있고 고생스럽게 생각하는 사람도 있다. 즐겁다고 말하는 사람은 평소 자신이 해보고 싶었던 일이거나 적성에 맞는 일일 것이다. 그러나 고생으로만 느껴지는 사람에게는 즐거움보다는 고통을 주는 고문에서 빨리 벗어나고 싶을 것이다.

며칠 전에 자동차 판매를 하는 후배에게 전화가 왔다. 좀 만나고 싶다고 하여 그날 어쩔 수 없이 후배와 술을 마시며 대화를 나누게 되었다. 술잔이 몇 순배 돌자 그는 마음에 응

어리져 있던 말을 토했다.

"나, 정말 이 짓은 못해 먹겠어요."

"왜 무슨 일 있어?"

"매일 사람들 만나서 차 사달라고 거지처럼 구걸하는 것도 이젠 정말 신물이 나요."

그 후배는 매일 수많은 사람을 만나는 일이 괴롭다고 말하였다. 그에게 가장 괴로웠던 것은 처음 보는 사람들에게 명함을 주면서 친분을 쌓거나 거절당하는 일이었을 것이다. 특히 내성적인 성격의 그가 낯선 사람을 만나는 일이 고문처럼 느껴진 것이다.

그러나 알고 보니 후배가 힘들어하는 데는 더 큰 이유가 있었다. 그것은 입사 동기 중에 최고 실적을 올리고 있는 친구 때문이었다. 말을 들어보니 입사 동기는 성격이 외향적이어서 처음 보는 사람과도 쉽게 어울렸고 금세 친분을 쌓았다. 그러다 보니 자연히 실적이 좋았고 직장 동료나 상사로부터 귀여움을 독차지하며 든든한 인정을 받았다. 후배는 그 친구를 볼 때마다 가슴이 막히면서 자신이 한없이 초라하게 느껴졌다고 한다. 나는 한눈에 자동차 판매 직업이 그 후배와 맞지 않다는 것을 알 수 있었다.

잠시 후 후배는 전에 다니던 회사를 그만두고 마땅히 할 일이 없어 이 일을 아무 생각 없이 택하게 되었다고 고백했다. 가장으로서 가족의 생계 때문에 이것저것 가리지 않고 무작정 취업에 뛰어든 것이다.

나는 후배에게 "네 적성에 맞지 않으니 다른 일을 찾아보는 건 어때?" 하고 감히 말할 수 없었다. 안 그래도 힘들어 하는 그의 마음을 더 아프게 할 수는 없었다.

운동선수들은 단 하루도 빠지지 않고 연습을 한다. 사실 그들도 하루 정도는 푹 쉬고 싶은 생각을 하게 마련이다. 그러나 하루를 쉬게 되면 긴장감이 떨어져 그만큼 꿈에 대한 열정이 줄어들게 된다. 그리고 쉬는 것에 익숙해지다 보면 자신도 모르는 사이 훈련이 더욱 고생스럽게 느껴져 자꾸만 쉬고 싶어질 것이다.

때문에 그들은 모든 잡념을 잊어버리고 쉴 새 없이 연습에 임하는 것이다. 그들에게는 훌륭한 선수의 꿈과 훈련은 별개가 아닌 서로 연결되어 있는 성공 고리이다. 선수들이 지금 흘리는 땀방울이 훗날 그 무엇과도 바꿀 수 없는 승리의 기쁨을 가져다 줄 것이라는 것을 잘 알고 있다. 진정한 프로 운동선수는 훈련을 고통으로 여기기보다 즐거운 놀이로 생각한다. 또한 그들은 훈련을 자신의 기량을 한 단계 높여주는 고마운 기회라고 생각한다. 그래서 온몸이 땀으로 흠뻑 젖었는데도 불구하고 환한 미소를 짓는다.

영하의 차가운 겨울바람을 피해 역 귀퉁이에 신문지 등을 깔고 누운 노숙자 중에도 한 때는 잘 나가는 대기업에 근무하거나 자영업자가 있다. 하지만 갑작스레 불어 닥친 IMF 한파로 직장을 잃거나 문을 닫아 지금은 갈 곳이 없는 처량한 모습으로 전락하고 말았다.

현재 청년 실업자가 백만 명을 넘어서고 있다. 취업 경쟁이 심하다고 무작정 포기해서는 안 된다. 포기는 절대 금물이다. 힘들다는 생각이 들 때 마음속으로 이렇게 말해 보자.

"나는 매일 조금씩 나아지고 있어."

"지금의 고생은 반드시 몇십 배, 몇백 배의 성공으로 되돌아올 거야."

지금 하는 일을 통하여 고통을 달게 느끼는 사람은 그나마 행복한 사람이다. 적어도 그 일이 자신과 맞지 않다는 것을 알았기 때문이다. 하지만 이마저도 깨닫지 못한 채 녹슨 기계처럼 하루하루 살아가는 사람은 무엇부터 깨달아야 할 것인가.

10장

성공은 내면의 젊음에서 싹튼다

절망에 빠진 나를 다시금 일어설 수 있게 해준 것은 '신념을 가져라!'라는 단 한 문장의 글귀였다.

"시대나 인간의 마음은 세월이 흐르면 변하게 마련이다. 그러나 신념만은 변해서는 안 된다. 인간의 근본을 지탱해주는 기둥인 이 신념이 흔들렸을 때 인생은 그 의미마저 잃고 만다. 그러므로 무엇보다 처음의 마음을 잊지 않기 위해 힘써 노력할 것이다."

이 글은 편지 쓰는 사장님으로 유명한 곤도 다카미가 쓴

『세상에서 가장 값진 월급봉투』에 나오는 글이다.

어린 시절, 그는 고등학교를 두 번이나 중퇴한 뒤 사람들로부터 일찌감치 인생의 낙오자 취급을 받았다. 그때 그의 유일한 꿈은 멋진 자동차를 갖는 것이었다. 결국 아르바이트를 힘들게 하여 모은 돈으로 자동차를 샀다. 하지만 자동차가 하루도 안 되어 사고로 폐차시키며 세상이 자신을 외면한다고 생각했다.

그는 어느 날 우연히 여자 친구가 버스 안내원으로 일하는 모습을 보게 되었다. 꿈과 희망이 없는 자신과는 전혀 다른 모습으로 승객에게 밝게 미소 짓는 모습에 큰 충격을 받았다. 그 후 그는 무작정 취업 정보지를 뒤져 전화기 방문 판매 사원으로 입사했다. 50명이던 신입 사원이 반년 후에는 달랑 두 명 남았지만 처음 입사할 때처럼 자신감을 잃지 않았다. 자신감을 밑천으로 열아홉 살이라는 어린 나이에 자신의 회사를 차렸다. 하지만 세상은 그리 만만치 않았다. 가까운 사람에게 배신 당해 자본도 날렸고, 설상가상으로 사원들은 회사야 어찌 되든 매사에 대충대충이었다. 그런 사원의 모습을 보며 그동안 참았던 분노를 분출했다.

"여러분, 언제까지 세상을 그런 식으로 대충 살아갈 겁니까? 지금 여러분이 하고 있는 일에 열정이 없다면 얼마 못가서 우리 회사는 문 닫고 말 것입니다. 만일 그런 날이 온다면 여러분과 저는 길거리에서 헤매야 할지도 모릅니다. 하지만 저는 여러분과 오래도록 좋은 관계를 유지하며 더 나은 기회를 제공하고 싶습니다.”

거칠지만 솔직하게 말한 그의 진심이 사원의 마음을 움직였다. 그 이후로 회사의 상황이 하루가 다르게 급속도로 성장하기 시작했다. 겨우 500만원으로 시작한 작은 회사는 15년이 지난 현재 종업원 5천명, 자본금 6조원에 달하는 거대한 주식회사로 성장했다.

최종 학력 중졸에 그 흔한 인맥 하나 없었던 청년 곤도 다카미가 성공할 수 있었던 데는 오직 의지와 끈기뿐이었다.

세상에는 수많은 사람이 살아가고 있다. 그러나 이들 중에서 진정 행복한 삶을 살고 있는 사람은 얼마나 될까? 각 개인의 행복의 의미를 딱 잘라 무엇이라고 말할 수는 없다. 하지만 마음의 여유를 가지며 주위 사람과 조화로운 삶을 사는 것이 아닐까?

지금까지 만나 본 성공한 사람들 대부분은 안정된 생활 속에서 꿈을 이룬 것이 결코 아니었다. 학창 시절에 방학 때마다 건설 현장에서 막노동으로 등록금을 마련한 사람도 있었고, 심지어 몇 달간 목욕탕에서 때밀이 생활을 한 사람도 있다. 중요한 공통점은 모두가 현실이 고달프고 힘들어도 희망과 꿈을 잃지 않았다는 점이다.

찰스북 스톤이 말했다.

“사람의 마음을 움직이게 하기 위해서는 진지한 열의가 없어서는 안 된다. 성공은 능력보다 열정에 의해서 좌우된다. 승리자는 자신의 일에 몸과 영혼을 다 바친 사람이다."

그의 말처럼 성공은 담당한 일에 쏟아 붓는 열정에 달렸다. 어떤 일을 추진해 가는 데 있어 뛰어난 능력은 큰 힘이 되지만 반드시 한계가 있다. 그러나 열정에는 한계가 없다. 열정은 한계를 뛰어넘어 불가능을 가능으로 변화시켜 준다.

각 사람마다 열정의 차이는 있다. 어떤 사람은 스스로 열정을 불러일으켜 일에 매진한다. 또 어떤 사람은 책이나 다른 사람을 통해 열정을 불태운다. 하지만 사람들 중에 언제나 열정이 식어 있는 사람도 있다. 이런 사람은 열정보다 신념을 가질 필요가 있다. 강한 신념이야말로 뜨거운 열정을 불러일으키기 때문이다.

좀 더 나은 사람, 성공하는 사람이 되고 싶다면 먼저 신념을 가져야 한다. 반드시 이루겠다는 신념을 가져라. 신념은 당신의 사고에 생명을 주고 힘을 준다. 신념은 과학으로도 풀 수 없는 기적을 낳는다. 신념은 절망에서 당신을 끌어내 주는 마법이다. 신념을 가진 사람에게는 두려운 것은 없다. 우주가 도와주기 때문이다. 내가 평소에 즐겨 활용하는 신념을 강화하는 몇 가지 방법을 소개한다.

첫째, 항상 성공을 생각하라. 실패는 생각하거나 두려워 마라. 직장이나 집, 어디서나 패배적 사고를 성공적 사고로 대치시켜라.

어려운 상황에 직면하면 대부분의 사람은 "나는 아마 실패할 거야" 하고 말한다. 하지만 이제부터는 "나는 반드시 성공할 거야" 하고 말하는 습관을 가져야 한다. 또한 자신에게 기회가 주어졌을 때는 "난 해낼 수 있어" 하고 자신 있게 말할 수 있어야 한다. 꿈에서라도 "난 안 돼, 도저히 불가능한 일이야" 하고 부정적인 말은 하지 않아야 한다.

둘째, 자신이 생각하는 것보다 모든 면에서 훨씬 뛰어나다는 것을 기억하라.

성공은 초인적인 힘을 요구하지 않는다. 또한 성공이 행운에 근거를 두고 있지도 않다. 당신은 스스로 생각하는 것보다 위대한 사람이다. 지금껏 힘들게 살아온 것은 이 사실을 깨닫지 못했기 때문이다.

셋째, 되도록 이면 큰 목표를 세워라. 성공의 크기는 목표의 크기에 비례한다.

작은 목표를 정하면 능력에 상관없이 어렵지 않게 작은 성과를 얻을 수 있다. 하지만 큰 목표를 설정하면 먼저 어떻게 진행해 나갈 것인가 하는 생각과 함께 여러 방면으로 목적을 달성하려는 집념과 노력을 다르게 접근하고 시도하게 된다. 따라서 계획한 목표의 달성을 이루게 되는 것이다. 작은 목표는 아주 보잘 것 없는 시련에도 꺾이지만 원대한 목표는 어떠한 시련에도 흔들리지 않고 쉽게 꺾이는 법이 없다.

독일의 대문호 괴테는 "그대의 마음속에 식지 않는 의지와

믿음을 가져라. 당신은 드디어 일생의 빛을 얻을 것이다"라
고 말했다. 그의 말처럼 인생에서 눈부신 성공을 가져다주는
것은 바로 의지와 믿음이다. 그의 말을 기억할 때 불볕의 사
막에서 희망의 오아시스를 만날 수 있다.

11장

새로운 인생을
향한 도전

이른 아침에 산책을 하다 보면 어느새 몸과 마음은 맑은 공기처럼 가벼워진다. 또한 마음이 가벼우니 몸까지 새로운 에너지가 충전된 것처럼 가뿐하게 여겨진다. 이런 산뜻한 느낌은 아침마다 산책하는 사람들에만 주어지는 선물과도 같다.

아침은 생명을 불어 넣어 주는 정열의 시간이라고 할 수 있다. 하루의 시작인 아침을 어떻게 출발하느냐에 따라 그날의 컨디션이 결정된다고 해도 과언이 아니다.

산책 도중에 많은 사람을 만나게 된다. 혹독한 겨울 날씨에도 불구하고 새 정보가 가득한 신문을 돌리는 아저씨, 우유가 잔뜩 들어 있는 무거운 가방을 들고 아파트 계단을 오르내리는 아주머니, 새벽 기도를 다녀오는 부부 ….

다른 사람보다 먼저 하루를 준비하고 여는 사람은 분명 각자의 꿈이 마음속에 담겨져 있을 것이며 지칠 줄 모르는 젊음으로 값진 인생을 사는 사람이다. 이 젊음은 삶의 희망이고 즐거움을 선사할 뿐 아니라 나이보다 훨씬 더 건강하게 살아가는 삶의 근원이다.

지인 가운데 이현주 씨는 현재 경력 10년의 L백화점 여성 매장 숍 매니저로 근무하고 있다. 그녀의 연봉은 1억원이 넘는다. 대학을 졸업한 후 대기업에 들어간 친구들에 비해 3~4배가 넘는 고액의 연봉이다. 하지만 세상에 공짜란 없다. 지금의 그녀가 있기까지는 열정 하나로 고통을 이겨내며 일에만 매달린 수많은 나날의 결과이다.

그녀의 보통 하루 일과는 아침 6시에 시작하여 다음날 새벽 2시에 끝난다. 잠자는 시간은 4시간으로 항상 잠이 모자란다고 한다. 그래서 모자라는 수면은 일주일에 한 번 비번 때 푹 자는 걸로 보충하고 있다. 그녀가 직접 관리하는 고객은 100여 명으로 적어도 하루에 세 명과 전화 통화를 한다. 이때 세일이나 기획 상품, 사은품 등 쇼핑 관련 정보를 자세히 알려준다. VIP고객에게는 특별히 관심과 정성을 쏟아야 한다.

요즘은 백화점 간에 고객 모시기, 친절 서비스 경쟁이 보이지 않게 어느 때보다도 치열하다. 고객은 자신에게 조금만 소홀하게 느껴지면 다른 백화점으로 옮겨버리기도 한다. 때문에 숍 매니저는 개인 시간을 가질 틈이 없지만 그녀의 꾸준한 표정 관리로 항상 밝다. 나이가 사십대에 가까워지고 있지만 얼굴에 피곤한 기색은 찾아볼 수도 없다.

"일을 힘들다고 생각하면 한없이 힘들죠. 그러나 재미있고 즐겁다고 생각하면 그렇게 재미있을 수가 없어요."

그녀를 보면서 사람은 젊음으로 사는 게 아니라 열정으로 산다는 것을 알 수가 있었다. 꽃과 같은 외면의 젊음은 시간이 지나면서 서서히 시들게 마련이다. 하지만 내면의 젊음은 시간이 지날수록 더욱 뜨거워진다. 여러분이 좋아하는 하고 싶은 일이 있다면, 젊음 하나로 도전해 보자.

반도체 회사에서 근무하다가 스쿠버다이버가 된 권경환 씨는 지난 1985년부터 1996년까지 대기업 구매 과장으로 일했다. 그는 입사하면서부터 스킨스쿠버 동아리에 가입해 취미 활동을 시작했다. 강원도 주문진이 고향인 권 씨는 바닷가에서 자라서 수영 실력은 누구에게도 지지 않았다.

"지방대 출신이 약점이라고 생각했습니다. 대기업에서 경영자까지 올라간다는 것은 거의 불가능했습니다. 또 퇴직 후에는 고향에 내려가서 일하고 싶었지요. 이런 감정이 얽히면서 스킨스쿠버에 빠져들었고 그러다 보니 레저 사업을 시작하게 됐습니다."

　　스킨스쿠버는 31시간의 교육 과정을 거쳐 강사 자격증을 취득할 수 있었다. 1996년 그는 홀연히 사표를 던지고 고향으로 내려갔다. 지금 그는 강원도 주문진 동산항에서 카페와 민박집을 운영하면서 해양 스포츠를 즐기러 온 여행객에게 가이드를 해주고 있다.

　　오늘에 이르기까지 아내의 각별한 관심과 사랑이 있었기에 가능했다. 사실 그동안 여러 번 포기하고 싶은 유혹도 들었지만 그럴 때마다 아내가 든든한 받침목이 되어 주었다.

　　"아내가 저의 선택을 믿어줬습니다. 그게 저에게 큰 힘이 된 거죠. '몇 년이라도 고생할 각오가 돼 있으니 당신은 그저 하고 싶은 대로 하라'는 아내의 말에 용기를 낼 수 있었습니다. 무엇보다도 앞으로의 사업 전망이 밝은 편이라고 생각됩니다. 새로운 관광객을 위해서 10년 안에 이곳에 해양 레저 시설을 만드는 것이 제 꿈입니다."

　　자신이 좋아하고 적성에 맞는 일이라면 아무리 힘들어도 포기하지 않는다. 그 일속에서 즐거움과 매력을 느낄 수 있기 때문에 오히려 일이 주는 고통도 쉽게 이겨낸다.

　　그러나 아무리 모든 근무 환경과 대우가 좋더라도 일이 적성에 맞지 않으면 그만두게 된다. 일에서 보람과 성취감, 즐거움, 매력을 느끼지 못하기 때문이다.

12장

성공을 위한 최고의 열정

짧은 인생을 열정으로 보낸 사람들 중에 한 사람인 에머슨은 "위대한 것 치고 열정 없이 이루어진 것은 없다"라고 말하였다. 세상의 모든 위대함 속에는 열정이 고스란히 깃들어 있다. 열정은 여름날 과일을 무르익게 만드는 뜨거운 햇살과도 같다. 햇살을 충분히 받지 못한 과일은 속이 제대로 여물지 않아 제 가치를 충실히 할 수 없다.

열정은 자동차를 움직이게 하는 오일과도 같다. 오일은 자동차가 목적지를 향해 빠른 속도로 질주하게 하는 중요한 원료의 역할을 한다. 만약에 오일이 아닌 물을 넣는다면 어떻게 될까? 자동차가 움직이기는커녕 엔진 고장이 날 것이다.

열정이 없는 사람도 이와 다르지 않다. 목표와 꿈이라는 목적지가 있어도 그곳으로 움직여 줄 동력이 없기 때문이다.

꿈이 있는 사람이라면 열정을 가져야 한다. 혹시 여러분 중에 열정을 잃어버렸다고 말하는 사람도 있을 것이다. 이는 아무런 문제가 되지 않는다. 자신보다 더 열정적인 사람으로부터 열정을 충전하면 된다.

우리는 열정적인 사람과 함께 있거나 대화하는 것만으로도 충분히 열정을 충전할 수 있다. 열정은 그 무엇보다 전달력이 빠르기 때문이다.

"드디어 내 손으로 신제품을 개발했어."

중견 바이오 벤처 회사에 다니는 연구원 2년 차인 김준혁 씨는 자신의 손으로 신제품을 개발해 너무나 기뻤다. 또한, 그동안 느꼈던 마음 고생이 눈 녹듯 사르르 녹는 것 같았다.

대학 시절 김 씨는 항상 하나의 꿈을 품고 준비하며 보냈다.

친구와 술자리에서 자연스레 화제는 졸업 후의 진로나 꿈에 대해 옮겨가곤 했다. 김 씨의 꿈은 국내 화장품 회사의 연구원이 되어 값싼 기능성 화장품을 개발하는 것이었다.

하지만 그의 꿈은 간암으로 고생하시는 어머니와 뺑소니 교통사고로 장애인이 된 형의 병원비 등으로 집안 사정이 갈수록 어려워져 학업을 도중에 포기해야만 했다.

그는 먼저 어머니의 수술비와 형의 약값을 충당하기 위해

닥치는 대로 막노동과 여러 가지 아르바이트를 안 해본 일이 없었다. 새벽부터 시작된 공사장의 노동은 밤 별을 보아야 끝나곤 했다.

어느 날은 현장에서 고된 노동을 마치고, 또 심야 나이트에서 웨이터 생활까지 하며 힘겨운 생활을 이끌어 나갔다. 그렇게 생활한 지 1년 남짓 되었을 무렵, 그의 마음속에는 중도에 그만둔 학업에 대한 미련이 되살아났다. 여기서 멈추면 그동안의 학비와 배움을 포기하는 것 외에는 아무것도 얻지 못한다는 생각이 들어 이듬해 휴학한 학교에 다시 복학했다. 생활은 더 시간을 아껴 써야 하는 상황이 되었다. 학교 공부와 수험생 과외로 집에 들어가면 새벽 2시를 훌쩍 넘기는 일이 보통이지만, 꿈을 향한 갈망이 컸기에 힘들다는 생각이 들지 않았다.

고생 끝에 대학원을 마쳤지만 더 큰 난관이 기다리고 있었다. 서른의 나이가 취업의 걸림돌이 되었다. 서른 군데가 넘는 회사에 이력서를 냈지만 나이가 많다는 이유로 채용이 힘들다는 대답만 들을 뿐이었다. 그로 인한 좌절감에 빠져 밤낮으로 술에 의지한 채 무력하게 시간을 보내기 시작했다. 생활은 점점 엉망진창이 되어갔고, 예전의 당당하고 열정적인 모습은 찾아보기 힘들었다.

그러던 어느 날, 포장마차에서 술을 마시다가 공사 현장에서 함께 일했던 사람을 만났다.

그는 약간의 취기가 돌자 김 씨에게 이렇게 말했다.

"김군, 나를 똑바로 보게. 이 나이 먹도록 변변찮은 직업 없이 하루 벌어먹고 살기도 힘든 나를 말일세. 자네는 아직 젊음과 꿈과 패기가 있으니 다시 한 번 도전해 보게. 꼭 이룰 수 있을 걸세."

김 씨는 이 만남을 계기로 하여 다음날부터 여러 화장품 회사의 구인란을 체크하고 이력서를 계속 보냈다. 그 결과 천신만고 끝에 중소기업의 화장품 회사에 입사하였다.

그는 회사에 입사하자마자 하루도 거르지 않고, 이른 아침부터 새벽까지 연구실에 혼자 남아 신제품 연구에 몰두했다. 이와 같은 열정으로 타사 제품보다 훨씬 우수한 기능성의 화장품을 개발할 수 있게 되었다. 입사하여 그동안 너무 힘들지 않았느냐는 물음에 이렇게 대답했다.

"다른 것보다도 사실 꿈을 이룰 수 없을까봐 늘 불안하고 초조했습니다. 하지만 드디어 원하던 꿈을 이룰 수 있는 기회가 저에게 한 발짝 다가왔습니다. 그렇기에 단 1초도 헛되이 보내지 않은 것입니다."

"성공을 위한 엔진의 최고 연료는 열정이다."

스티븐 스코트의 말처럼 열정은 능력보다 훨씬 뛰어난 힘을 지니고 있다. '열정은 늙지 않는다.' 자신이 원하는 것을 이룰 때까지 전차처럼 포기하지 않고 나아가게 한다. 또한 실패를 통해 '되는 방법'을 깨닫게 한다. 그런 과정 속에서 자신만의 성공의 열쇠를 찾게 되는 것이다. 혹시라도 자신에게 성공을 이룰 만한 능력이 없다고 착각하고 있는 사람이 있지 않은가? 만약 그렇다면 이 명언을 통하여 착각에서 바로 깨어나길 바란다.

"천재는 1퍼센트의 영감과 99퍼센트의 노력으로 이루어진다."- 에디슨

성공은 능력이 아닌 뜨거운 열정으로 창조되는 것임을 잊지 말아야 한다.

4부

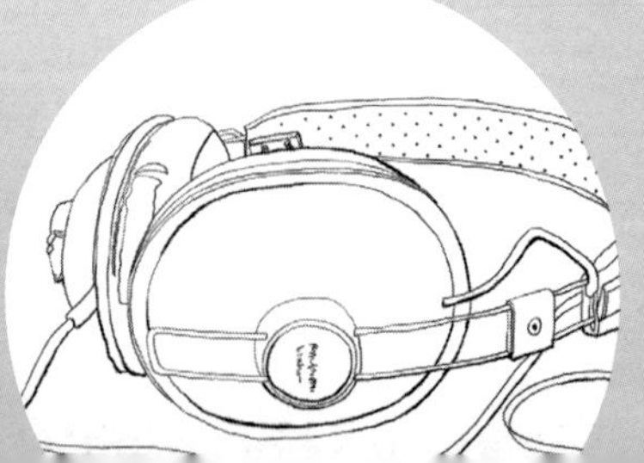

★ 홀로서 나만의 길을 가라

"성공의 비결은 한번 정한 목표를 바꾸지 않는데 있다. 많은 사람들이 성공하지 못하는 이유는 성공의 길이 험해서가 아니라, 목표를 향해 꿋꿋이 나아가지 못하기 때문이다. 낙숫물이 섬돌을 뚫은 것은 물의 힘이 아니라 꾸준한 끈기의 결과이다."

—벤저민 디즈레일리

1장

상대방을
먼저 사랑하라

대다수의 사람은 '애정결핍증'에 걸려 있다. 자신은 물론이고 타인을 사랑하는 일에 인색하다. 그러다 보니 항상 무뚝뚝한 표정으로 누군가를 만나 대화하고 또 그렇게 헤어진다. 오늘날 사람 냄새 나는 따뜻한 감정을 가진 사람을 만나기가 쉽지 않다.

'네 이웃을 내 몸과 같이 사랑하라' – 누가복음 10 : 27 말씀처럼 하나님이 사람을 창조할 때 준 의무는 '사랑'이다. 세상의 모든 평화와 행복, 자유는 사랑에서부터 비롯된다. 또한 사랑 안에는 무한한 가능성과 성공 요소가 내재되어 있다.

성공한 이들은 하나같이 타인을 배려하고 사랑한 덕분에 성공했다고 말한다. 그들은 결코 독불장군이 되어선 성공할 없다는 것을 잘 알고 있다. 그래서 그들의 가슴속에는 타인을 자신보다 더 아끼고 사랑하는 마음이 녹아 있다.

영국과 네덜란드를 떠돌며 살아야 한 불우한 소녀는 가난한 가정에서 태어나 홀어머니와 함께 살았다. 두 사람은 먹을 것이 없어 물로 배를 채운 적이 허다했고 아사 직전에 이웃의 눈에 띄어 겨우 목숨을 건진 적도 많았다. 설상가상으로 제2차 세계대전이 일어나 어머니와 딸은 더욱 굶주림에 허덕였다. 그때 한 구호 단체가 그들에게 구호품을 전달했다. 그 단체는 국제연합아동기금UNICEF으로 지구촌의 굶주린 사람들에게 빵을 나누어 주었다. 두 사람은 구호 빵을 먹으며 위기를 극복했다.

그 소녀는 시간이 흘러 세계적인 영화배우가 되었는데 바로 오드리 헵번이다. 노년에 그녀는 이 단체의 홍보 대사가 되어 전 세계를 다니며 굶주림에 허덕이는 어린이를 보살폈다.

그녀는 언젠가 기자와의 인터뷰에서 이렇게 말했다.

"절망의 늪에서 나를 구해준 분들을 위해 이제 내가 봉사할 차례입니다."

오드리 헵번은 단지 외모만 빼어난 배우가 아니었다. 아름다운 미모만큼이나 그녀의 마음씨 또한 천사처럼 아름다웠다. 그녀는 1989년 영화계를 은퇴한 후 유니세프 회원으로 활동하며 직장암을 선고 받았지만 63세의 일기로 세상을 떠날 때까지 아프리카의 수많은 굶주린 아이들을 돌보았다. 오드리 헵번이 아프리카의 굶주린 아이를 안고 있는 사진은 천사와 다름없었다.

한 청년이 입사 면접을 위해 급히 자동차를 타고 가던 중이었다. 잠시 후 청년이 지나가는 길가에 중년 여인이 자동차를 세워놓은 채 손을 흔들며 도움을 청했다. 자세히 보니 여인의 자동차가 펑크가 났다. 청년은 순간 고민에 휩싸였다. 면접 시간이 얼마 남지 않았기 때문이다. 하지만 청년은 여인을 도와주기로 결심했다. 청년이 타이어를 교체해줬을 때 면접 시간은 이미 30분이나 지났지만 부리나케 면접장으로 달려갔다. 면접은 이미 끝나가고 있었지만 청년은 면접관에서 부탁하여 맨 나중에 면접을 보게 되었다.

하지만 그 순간 청년에게 꿈같은 일이 일어났다. 세 명의 면접관 중에 한 사람이 방금 전에 자신이 타이어를 교체해 준 중년의 여인이었다. 그는 면접관에게 후한 점수를 받아 원하던 대로 회사에 입사할 수 있었다.

아등바등 살다보면 마음은 더 굳게 견고해지고 각박해지게 마련이다. 아무리 삶이 치열하더라 해도 타인을 돌아보는 마음의 여유를 가질 수 있어야 한다. 고속으로 앞만 질주하는 자동차는 언제 고장이 나거나 사고가 날지 모른다. 무엇보다 오로지 자신만을 위해서 산다면 인생에서 어떠한 의미도 찾을 수 없을 것이다.

세상에는 수많은 희망과 기회로 가득 차 있다. 하지만 이기적인 마음과 사랑이 결여된 마음으로는 결코 찾을 수 없다. 그것은 사람과 사람 사이에 꼭꼭 숨어 있기 때문이다.

먼저 나를 사랑하고 더 나아가 타인을 배려하고 사랑하는 마음을 가져보자. 성공의 문을 여는 열쇠는 바로 타인에게 베푸는 배려와 사랑 안에 있다.

2장

가장 소중한 것은
항상 가까이에
있다

사람은 혼자선 결코 살아갈 수 없다. 늘 누군가와 의사소통하고 부대끼며 살아간다. 때로 누군가에게 도움 받기도 하고 도움을 주기도 한다. 서로 얽혀 있는 인간관계에서 저마다 누군가에게 기회이자 희망으로 다가간다.

세상에서 사람보다 더 가치 있는 자산은 없다. 민주주의의 근본이념은 인간의 존엄성 실현이다. 우리에게 자산은 가족, 친구들, 직장 동료, 선후배, 고객… 등 다양하다. 하지만 이들이 항상 가까이 있다고 해서 함부로 대하거나 실망을 안겨주어선 안 된다. 인생의 성공과 실패, 행복과 불행은 타인과의 관계, 즉 인간관계에 좌우되기 때문이다. 이렇게 말하는 사람도 있다.

"요즘 같이 바쁜 세상에 어떻게 그 많은 사람을 챙겨?"

"나 혼자 잘 먹고 잘 살면 되지 굳이 그럴 필요가 있을까?"

그렇다면 지금까지 살아오면서 자신을 지지해 주고 도와준 사람을 떠올려 보라. 분명히 그때 그들에게서 다시 일어설 용기와 희망을 얻었을 것이다. 당신이 그들로 인해 위로와 많은 힘을 얻었다는 것은 그들이 진심으로 당신이 잘되길 바랐기 때문이다.

'등잔불 밑이 어둡다'는 말이 있다. 언제나 볼 수 있고 가까이 있다는 이유로 소홀해지는 것은 스스로 미래의 자산을 방치하는 것과 같다. 자신의 꿈과 목표가 확실한 사람은 정작 가까이 있는 사람에게 소홀히 하지 않는다. 오히려 말 한마디라도 더 따뜻하게 하는 배려를 잊지 않는다. 미국의 아놀드는 영화「터미네이터」로 우리에게 너무나 친숙한 영화배우이다. 그가 캘리포니아 주지사로 당선된 날 밤, 연단에 올랐을 때 가장 먼저 이 말로 연설을 시작했다.

"여보, 당신의 수고 때문에 얼마나 많은 표를 얻었는지 알고 있어요."

모든 성공한 사람의 곁에는 보이지 않게 힘이 되어 준 주변 사람과 친구가 있다. 아놀드 역시 그를 진심으로 사랑하고 후원해 주는 아내 마리아 슈라이버가 있었다.

그녀가 보디빌딩 챔피언인 아놀드를 만나게 된 이야기는 너무나 유명하다. 워싱턴에 있는 조지타운대학을 다니던 스물한 살 때였다.

그녀의 삼촌인 로버트 F. 케네디 기념 테니스 대회에 참가한 아놀드는 훗날 장모가 될 유니스 슈라이버에게 이렇게 말했다.

"어머니를 닮아서인지 따님이 정말 아름답네요."

바로 다음 날 그녀는 아놀드를 매사추세츠 주에 있는 케네디가의 별장으로 초청했다. 그리고 10년 간의 열애 끝에 두 사람은 결혼에 골인했다. 그들의 자녀는 캐서린과 크리스티나, 패트릭, 크리스토퍼 이렇게 2남 2녀를 두었다. 그녀는 매일 오후 4시부터 4시간 동안 집전화기를 뽑아 놓고 아이들의 숙제를 봐주는 등 가정에 마음을 쏟았다. 이런 마리아 슈라이버의 내조 덕분에 아놀드는 캘리포니아 주지사가 될 수 있었다.

자신의 더 나은 삶으로 비상하기 위해서는 주위 사람의 지지가 절대적으로 필요하다. 주위 사람은 끊임없이 용기와 희망을 불어넣어 주기 때문이다.

꿈을 향한 설계도는 자신이 세웠지만 정작 그 길을 가는데 필요한 에너지는 주위 사람에게서 나온다. 마라톤 선수가 포기하지 않고 끝까지 완주할 수 있는 데는 관중의 아낌없는 응

원과 박수가 큰 힘이된다. 그들은 선수가 지쳐 쓰러지거나 절망하더라도 절대 비난하지 않는다. 오히려 안타까워하고 고통을 함께 나누려고 한다.

언제나 꿈과 희망을 각인시켜 주고 용기를 불어넣어 주는 소중한 사람과 함께 하는 사람은 그 누구나 미래에 성공이 보장되어 있는 사람이다.

3장

논쟁의
승리자가 되려고
하지 마라

주변에 보면 유독 튀는 말과 행동을 하는 사람이 있다. 이런 사람은 주위 사람과 원만한 관계를 형성하지 못한다. 다른 사람보다 우위에 서려는 마음이 앞서기 때문에 크고 작은 다툼이 끊이지 않기 때문이다. 그런 사람은 누군가와 말을 할 때 이런 말을 자주 사용한다.

"내가 알기로는 그게 아니고…"

"그것은 자네가 분명 잘못 알고 있어."

상대방의 사소한 잘못이라도 지적하여 자신이 상대방보다

더 똑똑하다는 것을 주위 사람에게 과시하고 싶어 한다.

옛말에 '모난 돌이 정 맞는다'는 말이 있다. 그렇듯이 말과 행동이 너무 튀게 되면 사람들로부터 미움을 받게 마련이다. 미운 사람에게는 어떤 사람도 귀가 솔깃해지는 유익한 최신 정보를 알려줄 리 만무하다. 때문에 자연히 성공을 향한 여정은 험난할 수밖에 없다.

상대방이 잘못된 정보를 알고 있더라도 꼬집어 지적하지 말아야 한다. 자신은 상대방의 잘못된 점을 지적하는데서 쾌감을 느낄 수 있을지 모르지만 자존심이 구겨진 상대방은 마음속으로 때를 기다리며 복수의 칼날을 갈고 있을 것이다.

어떤 경우에도 상대방의 자존심을 깎아내려서는 안 된다. 인간관계에 상대방의 자존심을 건드리는 일만큼 위험한 일도 없다. 한 번 다친 자존심은 쉽게 아물지 않기 때문이다.

어느 날 저녁, 성공학의 거장 데일 카네기는 로스 경을 위한 연회에 참석했다.

식사 도중 자신의 옆에 앉아 있던 사람이 "아무리 일을 벌여놓아도 최종적인 결정을 내리는 것은 신의 뜻이다"라는 말을 인용해가면서 익살스런 이야기를 했다.

이 인용문은 성경에 있는 문구라고 그 재담꾼은 말했다.

카네기는 그가 잘못 알고 있다는 것을 알았다. 왜냐하면 자신이 그 인용문을 누구보다 잘 알고 있었기 때문에 거기에 대해서는 조금도 의심의 여지가 없었기 때문이다.

그래서 카네기는 자존심을 세우고 그의 잘못을 지적했다. 하지만 상대방도 자기의 주장을 여전히 굽히려 하지 않았다.

"무슨 말씀입니까? 셰익스피어 작품에 나오는 문구라고요? 그럴 리가 없소! 말도 안 되는 소리요! 그 말은 성경에 나오는 말이오."

재담꾼은 카네기 오른쪽에 앉아 있었고, 왼쪽에는 자신의 친구인 프랭크 가몬드가 앉아 있었다. 프랭크 가몬드는 오랫동안 셰익스피어를 연구해 왔다. 그렇기 때문에 카네기는 그의 의견을 듣기로 했다. 그는 가만히 듣고 있더니 식탁 아래로 카네기를 툭 치면서 말했다.

"이봐, 카네기 자네가 틀렸네. 저 신사분의 말씀이 옳아. 그건 성경에 나오는 말일세!"

그날 밤 집으로 돌아오면서 카네기는 친구에게 물었다.

"프랭크, 자네는 그 인용문이 셰익스피어에 나오는 말임을 누구보다 잘 알고 있지 않은가?"

프랭크 가몬드가 웃으며 대답했다.

"물론 알고 있지. 『햄릿』 5막 2장이지. 하지만 카네기 우리는 즐거운 모임의 손님이잖아. 자네는 왜 그 사람 말이 틀렸다고 증명하려 애쓰지? 그렇게 하면 그가 자네를 좋아하겠나? 왜 그 사람 체면을 세워주지 않는가? 그는 자네의 의견을 묻지도 않았고 원하지도 않았단 말일세. 그 사람과 논쟁을 하고 싶은가? 항상 원만하게 처신해야 되네."

모난 마음보다 둥글둥글한 마음을 가지도록 노력하자. 상대방을 공격하기보다 따뜻한 마음으로 이해할 때 좋은 관계를 유지하고 발전시킬 수 있다.

어떤 상황이 되더라도 상대방의 체면을 구기면서까지 논쟁에서 이기려 들지 말아야 한다. 대인 관계에 이보다 더 어리석은 일은 없을 것이다. 비록 논쟁에서 상대방에게 이겼지만 정작 상대방은 "좀 안다고 유세하는 거야. 뭐야?" 하며 속으로 이를 갈게 된다. 그리고 결정적인 순간에 발목을 잡게 된다. 우쭐하려는 마음을 가라앉히고 상대방의 이야기에 귀를 기울여보자. 훗날 자신을 도와줄 필요한 친구로 만들 수 있을 것이다.

상대방과 대화를 하다보면 종종 은근히 많이 배운 학식을 자랑하려는 사람을 보곤 한다. 그런 사람은 다른 사람이 자신의 견해와 맞지 않는 말을 할 때 그냥 넘어가는 법이 없다. 또한 상대방의 의견은 아랑곳하지 않고 이건 이렇고 저건 저렇다고 꼬집어 이야기하므로 다시는 그 사람과 대화를 나누고 싶은 마음이 없어진다. 대화는 상대방의 마음이 열리도록 눈을 바라보면서 마음의 채널이 열리도록 하는 것이 무엇보다 중요하다. 눈높이에 맞춰서 하고 되도록 지적은 간단하게 하고 칭찬은 많이 해주는 것이 유쾌한 대화의 방법이다. 또한 의사소통을 할 때는 자신이 말하기 쉽게 하지 말고 상대방이 바로 알아듣기 쉽게 하고 상대가 말을 할 때는 주의 깊게

경청하는 것이 기본적인 예의이다. 때로는 상황에 따라 침묵
이 대화 보다 강한 메시지를 전하기도 한다.

4장

비판은
성숙을 위한
자양분이다

칭찬은 의욕을 높여 지금 하는 일에 더욱 집중하게 한다. 칭찬을 할 줄 모르거나 인색한 사람은 상대방의 성공을 방해할 뿐 아니라 자신에게 다가올 많은 기회를 내치는 것과 같다. 칭찬에 인색한 사람과 가까이 하려는 사람은 아무도 없다.

칭찬은 의욕을 높여주지만 비난은 오히려 상대방의 의욕을 꺾는 역할을 한다. 상대방에게 아주 험한 비난을 들은 사람은 하루 종일 우울한 기분으로 지내기도 한다. 결국 비난 때문에 일까지 지장을 초래하게 되는 것이다.

영국의 어느 기업에서 있었던 일이다. 비슷한 조건의 신입 사원 열 명을 두 그룹으로 나눈 다음, 칭찬과 격려를 많이 해 주는 상사에게 다섯 명을, 비난과 잘못만을 지적하는 상사에게 다섯 명을 각각 근무하게 하였다. 1년 후 두 그룹이 낸 성과는 어떤 차이가 있을까?

칭찬받은 직원은 자신감과 의욕이 넘쳐났고 매사에 적극적으로 활동하는 모습이었다. 한편 늘 비난과 지적만 하는 상사의 직원은 패배감에 빠져 있었고, 작은 일에도 자주 실의와 절망에 빠지는 경향이 짙게 나타났다.

과거에 선동렬 투수가 활약했던 일본 프로야구의 명문 구단 주니치 드래건스의 호시노 감독은 일본 프로야구계의 신화적인 인물로 꼽히는 사람이다. 주니치를 일본 최고의 팀으로 끌어올린 호시노 감독은 매우 엄한 스파르타식 트레이닝을 시키기로 유명하다. 그러나 그런 호시노 감독도 선수를 꾸짖을 때는 예상 외로 부드럽게 말하곤 한다.

어느 날 한 선수가 그의 스파르타식 강도 높은 훈련에 지쳐 투덜대며 말했다.

"감독님, 오늘은 힘들어서 더 이상 못하겠습니다."

대부분의 감독은 선수가 이런 말을 할 경우 심하게 호통 칠 것이다. 하지만 평소 엄하기로 소문난 호시노 감독은 화를 내지 않았다. 그는 부드러운 어조로 이렇게 말했다.

"자네, 언젠가 나에게 최고의 선수가 되고 싶다고 말하지 않았나? 최고의 선수가 되려면 이보다 더 힘든 훈련도 견뎌야만 해. 힘들지 않은 것이 오히려 더 이상하다네. 지금까지 자네는 어느 선수보다 잘해주었지. 나는 앞으로도 더욱 열심히 해주리라 믿고 있네."

그 선수는 호시노 감독의 말에 감동해 다시 훈련에 열중했고 마침내 일본 프로야구 재팬시리즈에서 뛰어난 활약을 펼치며 팀을 승리로 이끈 주역이 되었다.

만일 그 당시 호시노 감독이 선수에게 비난을 하거나 꾸짖었다면 선수는 오히려 반발심에 대들거나 훈련을 포기하고 말았을 것이다. 하지만 그는 지쳐 있는 선수에게 가장 필요한 것이 무엇인지 잘 알고 있었다. 그것은 바로 질책이 아닌 격려의 리더십을 보여주었다. 뜻밖의 호시노 감독의 따뜻한 격려의 한 마디에 선수는 감독의 기대에 부응하기 위해 더욱 열심히 훈련에 임할 수 있었다.

당신에게 한 가지 질문을 하려고 한다.

"칭찬과 꾸중 둘 중에 어떤 것이 더 좋습니까, 그 이유는 무엇입니까?"

대부분이 '칭찬'이라고 답할 것이다. 그 이유는 칭찬은 자신에게 기쁨과 자신감을 줄 뿐 아니라 생활에 새로운 활력의 힘이 되어 주기 때문이다. 그러나 꾸중은 어떨까? 상대방의 부족한 점이나 개선해야 할 점을 지적하기 때문에 듣기 싫어 한다. 하지만 조금만 달리 생각해 보면 꾸중은 자신을 업그레이드 시켜주는 트레이닝과 같다. 꾸중은 나에게 어떤 점이 모자라고 그른지 있는 그대로를 보여 준다. 옛말에 "비판보다 더 나은 스승은 없다"라는 말이 있듯이 상대의 꾸중과 비판을 잘 듣고 생활을 개선하고 변화시킬 수 있는 역발상의 계기로 삼도록 해야 한다.

물론 대부분의 사람은 비판보다는 칭찬을 듣고 싶어 한다. 하지만 우리가 알고 있는 위대한 사람은 칭찬보다는 남의 비판을 귀담아 들었던 사람이다. 비판을 통해 끊임없이 스스로를 강철처럼 강하게 단련시켰다.

칭찬이 반드시 유익하고 좋은 것만은 아닐 수도 있다. 각자의 상황에 따라서 칭찬은 이를 썩게 하는 사탕이 될 수도 있다. 그런데 대부분이 이를 썩게 하는 줄도 모른 채 칭찬에 귀가 솔깃해진다. 그동안 칭찬만 해주기를 바라거나 귀를 기울이고 자만으로 안주하였다면 지금부터라도 꾸중과 날카로운 비판에 귀를 활짝 열어 보자. 옳은 비판은 자신을 돌아보게 하고 겸손하게 해주는 지혜로운 스승이다. 상대방이 자신에게 비판을 할 때 순간적으로 화가 치밀 수도 있다. 하지만 비판을 상대방이 단점을 제대로 지적해 주고 겸손을 가르쳐 주는 스승이라고 생각한다면 화는 스스로 가라앉을 것이다. 자신이 알지 못했거나 느끼지 못했던 올바른 지적과 비판을 겸허히 받아들일 줄 아는 사람이 되도록 노력해야 한다. 자신의 부족함과 잘못을 시인하고 인정하는 사람은 절대로 상대방에게 비난하거나 화를 내지 않는다. 인간의 대화나 소통에 매우 중요한 역할을 하는 비판이야말로 자신을 성숙하게 해주는 자양분이라는 것을 잘 알기 때문이다.

5장

상대방에게
'의미의 존재'가
되라

오늘은 몇 사람을 만났을까? 사회생활 속에 하루에도 수 십명의 사람을 만난다. 하지만 만난 사람의 이름과 외모를 며칠 후 또는 몇 달 후에도 생생하게 기억할 수 있는 사람은 드물 것이다. 인생을 살면서 상대방의 이름과 모습을 기억하는 것은 참으로 중요한 일이다. 이보다 더 중요한 인간관계의 기본은 없기 때문이다. 만일 누군가가 얼마 전에 모임에서 만난 당신을 기억하지 못한다면 기분이 어떨까? 그다지 유쾌하지는 않을 것이다.

머칠 전 회사의 김 대리는 어느 모임에 참석하게 되었다. 그는 그곳에서 우연히 한 사람을 소개받았다. 그러나 김 대리는 소개받은 사람과 많은 이야기를 나누지 못했다. 여러 사람들이 참석했기 때문에 이야기가 줄곧 끊겼기 때문이다.

몇 달 후에 김 대리에게 새로 거래를 하게 된 거래처의 최 상무를 접대하라는 지시가 내려졌다. 김 대리는 거래처의 최 상무에게 저녁 식사를 대접했다. 그런데 줄곧 김 대리의 머릿속에는 "어디서 봤더라? 분명 낯이 익은데…" 하는 생각이 떠나질 않았다. 한편으로 최 상무는 속으로 '지난 모임에서 만났는데 잊어버렸나? 아니면 모른 척하는 건가?' 하고 생각했다. 평소 최 상무는 처음 만난 사람을 기억 못하는 사람을 신뢰하지 않는 습관이 있었다.

그날 결국 김 대리는 상대방을 기억하지 못하는 자신의 소홀함 때문에 좋은 인상을 심어주지 못했다. 김 대리처럼 상대방을 기억하지 못한다고 해서 바로 인간관계에 큰 지장이 있는 것은 아니다. 하지만 이런 일이 누적이 된다면 모든 상황이 달라질 수도 있다.

자신은 상대방을 기억을 못하는데 상대방은 당신을 기억하는 모습을 경험한 적이 있을 것이다. 그때 여러분은 나를 알아주는 상대방의 배려에 기분이 좋았을 것이다. 누구든지 자신의 이름을 기억하고 불러주는 것에 호감과 친밀감을 느끼게 마련이다. 상대방의 이름과 얼굴 그 밖의 인적 상황을 기억하는 것은 자신의 존재를 존중하고 있다는 뜻으로 해석될 수도 있기 때문이다.

세상은 끊임없이 여러 사람과 공존하며 살아가는 곳이다. 성공 또한 혼자서는 절대로 이룰 수 없다. 따라서 상대방과 나눈 대화의 내용과 목소리, 취미 등 필요한 사항은 잊지 않고 기억하는 습관을 들여야 한다. 처음 만난 사람의 이름과 외모를 기억하는 방법을 간략하게 소개한다.

1. 열 번 되풀이하여 말하기

잠들기 전에 '내일 아침 몇 시에 일어나야지' 하고 다짐하고 잠들었을 때 누가 깨우지 않아도 그 시간에 깰 수 있다. 아침에 일어나고자 하는 시간에 마음을 고정시키면 정확히 그 시간에 일어나는 원리를 이용하는 것이다. 정신을 집중시킨 상태에서 자신이 기억하고자 하는 것을 여러 차례 되풀이해서 말하면 된다.

대부분의 사람이 상대의 이름을 잘 기억하지 못하는 것은 처음부터 이름을 제대로 기억하지 않았기 때문이다. 어떤 사람을 소개받을 때 그 사람의 이름을 쉽게 기억하려면 먼저 이름을 정확하게 알아들은 다음, 열 번 반드시 되풀이해서 말해야 한다. 만일 이름이 자신이 잘 아는 이름과 똑같거나 비슷하다면 그것과 연관지어 생각하는 것도 좋은 방법이다.

2. 머릿속에 확실한 인식 남기기

　이름이나 날짜, 장소 같은 감각 인상을 나중에 분명하게 기억하려면 세세한 부분까지 주의력을 집중해 확실한 인상을 만드는 것이 중요한다. 자신이 기억하고자 하는 것을 몇 차례 반복해서 말하면 도움이 된다. 카메라의 감광판에 대상물을 기록하기 위해 적절한 노출 시간이 필요하듯이, 나중에 쉽게 기억을 되살리려면 잠재의식이 감각 인상을 분명하게 기록할 수 있도록 시간이 필요하다.

3. 기억 대상을 이미지화시키기

　기억하고자 하는 대상을 언젠가 가보았던 카페라든지 아니면 생일날에 받았던 선물 같은 자신에게 아주 특별한 것에 이미지화시키는 것이다. 그러면 두뇌는 기억하고자 하는 감각 인상을 쉽게 기억할 수 있는 정보와 함께 정리해서 보관하게 된다.

　내가 그의 이름을 불러주기 전에는

　그는 다만

　하나의 몸짓에 지나지 않았다.

　내가 그의 이름을 불러주었을 때

　그는 나에게로 와서

　꽃이 되었다.　　　　　　　　　'꽃' 중에서 −김춘수

　상대방이 먼저 나를 알아주는 것보다 더 기분 좋은 일은 없다. 누군가 나의 이름을 불러주고 알아줄 때 비로소 우리는 의미 있는 사람이 될 수 있다.

　김춘수 시인의 말처럼 우리 모두는 누군가에게 어떤 무언가가 되고 싶어 하는 속성이 있다. 될 수 있으면 주위에 자신이 필요한 인재가 되도록 하라. 아침에 일어나면 “나는 세상에 꼭 필요한 사람이다”라고 마음속으로 크게 외쳐보자. 많은 사람 중에 주위에 사랑을 나누어 줄 수 있는 사람, 어려울 때 진정으로 도와줄 수 있는 사람, 필요할 때 곁에 있어 줄 수 있는 사람, 남에게 꼭 필요한 존재가 된다는 것은 자신이 더욱 성숙할 수 있는 기회도 열린 것이다.

6장

익숙함을 버리고 낯선 세계에 도전하라

지금부터 다가올 모든 순간은 새로운 시작이다. 우리 모두는 새로운 시작을 향한 삶의 과정 속에 있다. 물론 그 과정은 그리 순탄하지 않다. 하지만 거센 파도나 그칠 줄 모르는 폭풍우를 뚫고 전진하는 가운데 인생이 주는 참된 의미를 깨닫는다면 그것이 가장 큰 선물이다.

때로 근심은 변화 앞에 놓인다. 변화해야 하는 시점 앞에서 주저하거나 뒷걸음질 치는 사람도 있다. 그러나 변화가 필요한 시기에는 변화의 물결보다 앞서가야 한다. 변화의 시대에 생존을 떠나 성장할 수 있는 비결이기 때문이다.

성공하고 싶다면 오늘 당장 '망설임'을 최선의 '결단'으로 바꾸어야 한다. 일의 순서를 정하고 결단을 실행하도록 추진한다. 그럴 때 현재의 부족한 부분은 개선되며 유리한 조건으로 바꿀 수 있다. 이러한 것을 하루빨리 자각하게 되면 성공을 향해 남보다 빨리 움직일 수 있다.

싸우고 극복해야 할 적은 멀리 외부에 있는 것이 아니라 가장 가까이 바로 내 안에 있다. 더 이상 머뭇거려선 안 된다. 기회는 자주 찾아오지 않는다. 지금이 최고의 기회이고 지금밖에 없다는 강한 믿음으로 자신의 계획을 실천에 옮겨야 한다. 자, 지금 당장 꿈을 향한 지도를 가지고 떠나라! 신은 현실에 안주하기보다 위험을 무릅쓰고서 도전하는 사람에게만 성공을 안겨 준다.

우리는 종종 현실에 안주하며 살아온 과거를 통해 불안한 내일을 발견한다. 그리고 서서히 다가오는 미래에 대해 추측해보며 앞으로 어떤 자세를 취해야 할지 고민한다.

지금까지 겪은 땀과 노력, 실패와 좌절의 아픔은 인생의 책에 쓰인 제1장의 내용에 불과하다. 이제는 과거에 연연해 하지 말고 좀 더 알차게 제2장, 제3장을 써나가야 한다. 과감하게 과거의 먼지를 털어버려야 한다. 그동안 앞으로 나아가지 못하게 발목을 잡았던 실패의 경험을 버림으로써 미래를 향해 나아갈 수 있다. 지금부터 결단하고 도전해 보자. 도전할 때 새로운 기회도, 성공의 예감도 찾아온다. 남과 다른 사람이 되고 싶다면 스스로의 '필요성'에 의해 성공을 향해 나아가야 한다. 성공을 향한 첫걸음은 '습관'을 바꾸는 것이다. 즉 생각을 믿음과 실천으로 옮기는 것이다.

당신은 매순간 분명하고도 원칙이 있는 삶을 살도록 노력하는 것이 인생을 장밋빛으로 보장해 줄 것이다. 다음 이야기는 아주 오래 전 시카고에서 있었던 일이다.

프랭크 갠솔러스 박사는 대학생 시절부터 교육제도에 문제가 많다고 느꼈다. 그래서 자신이 대학 총장이 되어 반드시 교육제도를 개혁하겠다고 다짐했다. 그는 목사가 된 후로도 계속 미국 대학의 개혁을 생각했다. 하지만 좋은 방안이 떠오르지 않았다.

'어느 토요일 오후, 자신의 방에서 개혁을 위해서 어떻게 하면 100만 달러를 만들 수 있을 것인가 하고 깊은 생각에 잠겨 있었다. 이렇게 생각해온 지 벌써 2년이 넘었지만 아무 것도 할 수 없었다. 그러다가 갑자기 충격을 받은 사람처럼 일주일 안에 100만 달러를 만들고야 말겠다고 결심했다.'

갠솔러스 목사는 시카고의 여러 신문에 다가오는 일요일 아침에 다음과 같은 제목의 설교를 하겠다고 커다랗게 광고를 냈다.

'100만 달러가 있다면, 내가 하고 싶은 일!'

육류 포장 사업으로 거부가 된 필립 D. 아머가 광고를 보고 목사의 설교를 들어보기로 결심했다. 갠솔러스는 설교를 통해 새로운 비전을 가진 대학 창설의 필요성을 역설했다.

젊은이들에게 실생활에 적용할 수 있는 정신력과 사고력을 키워줌으로써 인생을 성공으로 이끌어주는 위대한 학교의 건설이 그의 꿈이었다. 그래서 100만 달러가 있다면 하고 싶은 일이 바로 이러한 학교를 세우는 것이었다.

목사가 설교를 마치자 아머는 곧장 설교 단상으로 다가가 목사에게 자신을 소개한 후 이렇게 말했다.

"지금 말씀하신 모든 일을 목사님이 반드시 해내실 수 있다고 믿습니다. 내일 아침에 제 사무실로 오시면, 필요한 100만 달러를 드리겠습니다."

이로써 미국에서 4대 명문 공대인 아머 공과대학이 탄생하게 되었다. 한 젊은 목사의 믿음과 실천이 아머 공과대학*을 세우게 된 것이다.

과거에 집착하고 머물러 있으면 더 나은 내일을 기대할 수 없다. 오늘보다 더 나은 미래를 기대할 수 없다면 삶에서 어떤 희망도 가질 수 없다. 인생에서 공짜란 없다. 실패로 점철되었던 과거에서 벗어나 내일을 향해 힘찬 발걸음을 옮길 때 새 인생이 시작된다.

나는 가끔 포장마차에서 술을 마신다. 그곳에는 언제나 많은 직장인이 퇴근 후에 술잔을 기울이며 대화를 나눈다. 그들이 주고받는 대화를 들어보면 화제는 언제나 회사의 직장 상사나 동료, 일에 대한 불만과 험담으로 가득하다.

"학창 시절엔 꿈도 많았는데….”

"꼴에 팀장이라고, 정말 웃기지도 않아.”

"내가 여기 말고 갈 데가 없는 줄 알아!”

패배자들의 전형적인 모습이라고 할 수 있다. 그들은 왜 실패한 인생을 사는 걸까? 꿈을 펼쳐 보지도 않고 너무나 쉽게 포기해 버렸기 때문이다. 사실 그들이 포기한 일들 가운데 굳건한 믿음으로 계속 실천했더라면 가능했던 일이나 성공했을 일도 많았을 것이다.

"강물이 반대편의 물살을 만났을 때 너무 쉽게 굴복해 버리기 때문에 물줄기가 굽어지는 것이다.”

어느 유명한 철학자의 말처럼 쉽게 믿음을 바꾸지 않을 때 원하는 것을 얻을 수 있다. 기회와 변화, 그리고 도전과 미래는 불확실하게 여겨지게 마련이다. 그래서 마음은 늘 복잡하다. 그러나 그런 순간에도 자신을 믿고 두려움을 떨쳐내야 한다. 계속 혼자만의 외로운 길을 묵묵히 걸어갈 때 꿈꾸었던 인생이 눈앞에 펼쳐지게 된다.

아머 공과대학(Armour Institute of Technology) :

1890년에 설립된 아머 공과대학은 1896년에 설립된 루이스 대학과 병합해 현재의 일리노이 공과대학교가 되었다. 그 후 독일의 바우하우스 학교로부터 망명한 건축가 미스 반 데어 로에와 디자이너 라즐로 모홀리 나기가 교수로 재직하면서 대학이 크게 발전하였다.

7장

성공을 향한 열망의 씨앗을 키워라

오늘 아침 친구로부터 열정이 샘솟는 반가운 메일 한 통을 받았다. 글을 거듭 읽어 내려가며 앞으로 자신에 대해 투자를 더욱 아끼지 말아야겠다는 생각을 하였다.

'마흔이 될 때까지 가지고 있는 모든 돈과 시간을 털어 자신에게 투자하라.' 마흔이 넘어 믿을 수 있는 것은 자신뿐이다. 돈을 남기려고 하지 말고 자신을 남기도록 하라.

지금을 유용하게 활용하라. 지금 현장에서 겪고 있는 일을 관찰하고 기록하고 정리하라. 이것이 배움이다. 일에 마음을 쏟지 않으면 20년을 일한다고 해도 핵심을 파악하기 어렵다. 배움은 여러 가지를 연결하는 가장 좋은 연습일 뿐만 아니라 현실과 꿈을 연결하는 자신의 방식을 익혀가는 것이다.

차별화하고 또 차별화하라. 다른 사람들이 가는 큰길로 가서 군중 속에 섞이지 마라. '다름'이 쓸모를 결정하고, 가장 자기다운 것이 가장 큰 쓸모임을 명심하라.

꿈을 가져라. 꿈이 없으며 미래는 죽은 것과 다름없다. 잡힐 듯이 꿈꾸는 사람만이 그 꿈과 닮아가게 된다.

지금은 예전처럼 업무에만 파묻혀 살면 안전한 그런 시대가 아니다. 오로지 끊임없는 자기계발로 전문 지식을 쌓을 때 스스로를 지킬 수 있는 것이다. 그러려면 무엇보다도 과감한 투자가 뒷받침되어야 한다.

"단순히 주어진 삶을 산다는 것이 중요한 것이 아니다, 잘 살아 간다는 것이 중요하다."

소크라테스의 이 말은 사람마다 잘 산다는 기준은 제각각이지만 미래를 위해 현재를 투자해야 한다는 점을 강조한다. 특히 미래에 최고의 자산이 될 자기계발에 대한 투자는 아무리 강조해도 지나치지 않다. 언젠가 자기계발 실천가인 공병호 박사는 이렇게 말했다.

"나는 변화에 대한 두려움 때문에 자기계발에 주력했고, 성공에 대한 열망으로 누구보다 강한 추진력을 발휘했다. 때로 자기계발은 나에게 많은 힘이 되었고 잠재능력을 키워주었다."

그가 지금과 같이 성공할 수 있었던 것은 자기계발의 힘이 컸다. 자기계발을 통해 자신의 부족한 부분을 보완할 수 있었고 남다른 성공을 일궈낼 수 있었다. 그는 자신보다 뛰어난 사람에게 배우기를 주저하지 않았다.

사람들은 재테크에 투자하는 시간과 돈은 아까워하지 않으면서 자기계발에 투자하는 것에는 인색하다. 오히려 돈이 없어서 못한다거나 하고 싶어도 시간이 없다는 등의 온갖 핑계를 갖다 붙인다. 그러나 좀 더 멀리 내다보면 돈과 시간의 투자, 피나는 노력 없이는 결코 성공하지 못한다는 것을 알 수 있다. 꾸준한 자기계발이 이루어지지 않는다면 급변하는 사회적 흐름에 도태될 수밖에 없다. 꿈이 있는 사람이라면 자기계발에 투자하는 것을 아까워하지 말아야 한다.

예전에는 오로지 직장에만 매달려 있음으로서 능력을 인정을 받았다. 하지만 지금 그렇게 한다면 어느새 동료와 신입 사원에게 밀려나고 만다. 갈수록 치열해지는 사회 조직에서 살아남기 위해서는 자신을 끊임없이 계발하고 충전해야 한다.

"하루 종일 업무에 시달리고 파김치가 되어 씻지도 않고 침대에 누워 있었죠. 문득 '지금 나는 행복한가?' 하는 생각이 들었고, 그때 나를 위한 시간과 투자가 필요하다는 것을 느꼈어요. 그래서 그 다음 날 바로 그동안 배우고 싶었던 댄

스학원으로 달려갔어요.”

세무사에 다니는 권경숙 씨는 퇴근 후 댄스학원에서 스텝을 밟으며 스트레스를 푼다. 예전 같으면 ‘피곤한데 집에 가서 씻고 잠이나 푹 잘 거야’ ‘회사 일만 해도 힘든데 운동은 무슨….’ 하고 말했을 것이다.

어느 유명한 심리학자는 직장에서 벗어나 자신의 욕구를 분출하는 것이 직장 생활에도 도움이 된다고 하였다. 직장에서 업무에 너무 매달려 있으면 오히려 일의 능률이 떨어진다는 것이다.

사람은 일만 하며 살아갈 수 없다. 때론 취미 생활도 하고 다른 사람과 즐거운 시간을 보내고 배우는 이런 과정 속에서 자신을 더욱 사랑하게 된다.

일밖에 모르는 사람은 주위 사람들에게 그다지 큰 매력을 주지 못한다. 오히려 자신에게 주어진 일에 최선을 다하는 사람, 여가 시간에는 자신에게 필요한 것을 위해 시간과 노력을 들이는 사람이 매력적이다. 잠시 마음의 여유를 가져보자. 다람쥐 쳇바퀴 같았던 일상에 자기계발과 취미를 가미한다면 한층 세상이 즐겁고 살 만하게 느껴질 것이다.

“생계를 해결해 주는 직장의 고마움을 잊은 적은 없지만 그렇다고 내 인생을 직장에만 묶어 놓고 싶지 않았어요.”

나와 가까이 지내는 한 사람은 집, 회사, 다시 집… 똑같은 어제와 오늘, 그리고 내일이 무의미하게 느껴졌다고 말했다.

그래서 과감하게 직장 업무에만 목숨을 거는 '회사형 인간'을 거부하고, 'My life' 즉 자신이 원하는 일을 하고 있다.

고대 로마의 철학자 시세로는 "행복하게 산다는 것은 마음의 평온함을 뜻한다"고 말했다. 마음이 평온하지 않으면 어떤 행복도 느낄 수 없다. 사람들이 성공하고 싶어 하는 이유 가운데 하나는 진정으로 행복하게 살고 싶기 때문이다. 지금부터라도 하루 중에 자신만을 위한 시간을 가져 보자. 그리고 이른 아침부터 밤늦은 시간까지 시달린 업무에서 벗어나 세상에서 가장 소중한 자산인 '나'를 사랑하는 시간을 만들어 보라.

8장

인맥 쌓기의 필수 조건을 갖춰라

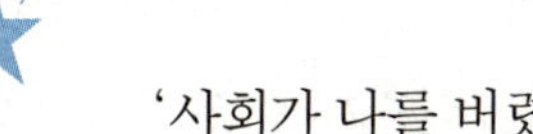

'사회가 나를 버렸어.'

'아, 나는 더 이상 갈 곳이 없어!'

갈수록 치열해지는 취업의 좁은 문 앞에 절망하고 있는 취업 준비생은 희망과 의지를 잃을 수 있다. 취업 시즌이 되어도 채용하는 기업은 가뭄에 콩 나듯 하기 때문이다. 이런 취업 대란 속에서 살아남기 위해서는 혼자의 힘만으로는 부족하다. 새로운 진로와 입사를 위하여 도움 받을 수 있는 전문가나 인맥을 최대한 활용해야 한다.

취업 준비생과 마찬가지로 요즘 직장인 또한 자신의 경력을 관리하기 위해 부단히 애를 쓰고 있다. 개인의 리더십이나 업무 능력, 인간관계, 태도 등이 타인에 의해 평가되고 또 인사 고과에 반영되어 연봉 협상이나 승급 심사의 주요 자료로 활용되기 때문이다. 이러한 평가 방식은 직장 상사부터 자기 평가까지 실로 다양하게 실시되고 있다.

당장의 눈앞에 이익에만 급급해서는 목표를 이루기가 힘들다. 이럴 때일수록 멀리 내다보는 시야를 지녀야 한다. 취업 준비생에게 다양한 경험을 하는 것만큼 큰 도움이 되는 것도 없다. 가능한 여러 분야에서 경험을 쌓으면서 인맥을 넓혀 가는 것이 중요하다. 경우에 따라서 인맥은 자신을 끌어주는 견인차 역할을 한다.

일간지 경제부 기자에서 취업 전문 교수로 변신한 경희대 취업정보실 주임교수 이종구 박사는 학생들에게 '대학 때 경력관리'와 '채용 박람회 백 배 이용하기'를 권하고 있다.

예를 든다면 동아리 활동, 그룹 스터디, 전문직 아르바이트가 이력 사항에 하나의 스펙으로 경력이 될 수 있다. 졸업한 학교와 학점이 자신을 대표하던 시대는 지나갔다.

예를 들어 외식 업계에 진출하고자 한다면 패스트푸드점, 전문 레스토랑, 체인점 커피숍 등에서 근무한 아르바이트도 하나의 경력이 될 수 있다. 대학 1학년 때부터 진출하고자 하는 분야와 관련된 경력을 쌓는다면 금상첨화이다.

어느 대기업의 인사 담당자는 이렇게 말했다.

"취업에 앞서 가장 먼저 해야 할 일은, 일생 동안 자신의 경력을 어떻게 관리할 것인가에 대해 장기적인 비전을 세우는 일이 무엇보다 중요합니다. 또한 인사 담당자에게 뚜렷한 목표를 제시할 수 있는 사람이 취업에 당연히 유리하다고 봅니다. 하지만 경력 관리만큼이나 중요한 것이 바로 인맥 쌓기입니다. 좋은 인맥을 쌓는다면 나중에 뜻하지 않게 도움을 받을 수 있기 때문입니다. 우리의 인생은 서로가 상부상조하며 공존하는 것을 명심해야 합니다."

넓은 인맥은 취업뿐만이 아니라 취업 후에도 인생을 살아가는 데 많은 도움이 된다. 다양한 경험을 통해 인맥을 쌓고 나서 이런 인맥을 활용해 취업에 성공한 경우도 많다.

직장인의 자기 점검, 성공하는 직장인이 되기 위해선 필요시 인맥을 활용할 줄 알아야 한다. 인맥 쌓기의 필수 조건으로 다음의 다섯 가지가 있다.

첫째, 말 한마디라도 친절하게 하라.

스치는 한마디 대화에 친절이 스며들면 아무리 못난 사람도 달리 보이는 법이다. 하물며 직장에서 건네는 한마디는 그 사람의 됨됨이를 나타내는 요소가 되는 것은 물론 인사 고과에도 상당한 영향을 미칠 수 있다.

둘째, 언제나 솔선수범하라.

'솔선수범'이라는 말을 우리는 참 많이 들어왔다. 길가에 떨어진 휴지를 주워 쓰레기통에 버려야 한다거나, 사무실에 바닥이 지저분하면 누가 시키기 전에 먼저 닦아야 한다는 말들…. 하지만 정작 회사 내에서나 밖에서 이런 솔선수범을 실천하기란 쉽지 않다. 실제로 회사 휴게실 한쪽에 떨어진 담배꽁초를 줍는 사람은 거의 없다.

하지만 이런 사소한 것들 하나라도 솔선수범한다면 지켜보는 사람들은 자신을 청결하고 깔끔한 사람으로 평가할 것이다. 또 주위가 정돈되면 자신까지 깨끗한 이미지를 주는 것은 당연한 이치일 것이다.

성공하는 직장인의 첫 번째 조건은 동료에게 주목받는 것이다. 그러기 위해선 내가 할 수 있는 일은 먼저 할 뿐 아니라 다른 사람들이 외면하는 일까지 묵묵히 솔선수범해야 한다.

셋째, Yes는 'Yes'이고, No는 'No'이다.

한마디로 되는 건 되는 것이고, 안 되는 건 안 되는 것이다. 사실 직장 내에선 'Yes'와 'No'를 구별하지 못해서 큰 실수를 저지르는 경우도 많다. 잘 모르는 일도 기회다 싶으면 "제가 한번 해 보겠다"라든가 혹은 부서 내 이기주의가 발동해 "그 일은 내가 처리할 거야"식의 우격다짐으로 인해 일을 망치거나 처리가 늦어지는 경우, 모두가 피해를 입을 수 있다.

또 번거롭고 자질구레한 일의 경우 서로 이 핑계, 저 핑계를 대며 피하기도 한다. 이런 경우 지켜보는 사람은 그 순간부터 좋은 관계를 유지하지 않으려 할 것이다. 비록 조금 번

거롭고 거절하기 힘들더라도 상대에게 확실하게 답변을 하
는 것이 오히려 인맥 쌓기에 좋은 영향을 줄 수 있다.

넷째, 약속은 철저히 지키고 신뢰는 서서히 쌓아라.

일단 한 번 한 약속은 아무리 사소한 일이라도 지켜야 한
다. 특히 사적인 약속 외에 회의 시간이나 외부 약속 등은 더
욱 철저히 지키는 것이 중요하다. '5분쯤 늦어도 되겠지' 하
는 생각은 상대방의 시간을 빼앗는 것이며 자신을 5년 퇴보
하게 만든다.

출근 시간도 마찬가지이다. 출근 시간은 회사와 직장 동료
들과의 약속이기도 하다. 자신의 늦어지는 출근 때문에 맡은
일에 차질이 생긴다면 고운 눈으로 바라보는 직장 동료는 아
마 없을 것이다. 작은 약속이라고 생각하는 것일수록 반드시
지키도록 하라. 또 지키지 못할 급한 사정이 생기게 된다면
정중하게 사과하고 지킬 수 있는 다른 날짜를 잡아 메모하도
록 하라.

다섯째, 철저한 명함 관리는 중요한 자산이다.

우리는 자신을 알리기 위한 수단으로 명함을 주고받는다.
하지만 상대방의 명함을 그저 책상서랍에 쉽게 두거나 두 번
다시 점검하지 않는다. 명함은 성공을 위한 소중한 자산 중
의 하나이다. 언제 어디서 그들의 도움이 필요할지 모르고
또 나를 알리기엔 그보다 더 좋은 것도 없기 때문이다.

우선 받은 명함은 소중하게 보관해야 한다. 명함 뒷면에

그날 만난 사람에 대한 정보, 가령 첫인상과 특이점 등을 날
짜와 시간을 함께 기록해 두는 것이 좋다. 그렇게 하면 그때
만난 사람이 누구였고 어떤 사람이었는지 상세하게 기억할
수 있다. 또 다음 만남에서는 자신에 대해 좋은 이미지를 심
어줄 수 있어 보다 효과적이다.

"성공의 비결은 '남에게 대접받고자 하는 대로 남을 대접
하라'는 이른바 황금률에 있다"라는 죤 코맥넬의 말처럼 상
대방을 이용하거나 무언가를 얻어내기 위해 다가간다면 좋
은 인간관계를 형성할 수 없다. 인맥은 내가 먼저 대접할 때
형성된다. 따라서 만나는 사람마다 생명의 은인처럼 대하라.

9장

날마다
행복한 아침을
열어라

하루 24시간은 모든 사람에게 공평하게 주어졌다. 그러나 어떻게 활용하느냐에 따라 24시간이 48시간이 될 수도 12시간으로 줄어들 수도 있다. 이런 마법 같은 시간을 낭비하지 않고 알차게 쓸 때 원하는 인생을 만들어 갈 수 있다.

"이른 아침의 가벼운 차 한 잔이 인생을 바꾼다"는 말이 있다. 이 말에 많은 사람들이 "무슨 말 같지도 않은 소리를 하고 있냐?"고 반문할 수도 있다. 이런 말을 하는 대부분의 사람은 아침을 상쾌하게 맞는 사람이기보다 고통스런 표정으로 아침을 맞는 사람일 것이다.

세상의 어떤 성공도 처음부터 거창하지 않다. 아주 사소한 것에서 출발해 나중에 놀라운 결과를 가져다준다. 평소보다 조금 일찍 일어나 차를 마시며 여유를 느껴보는 일은 사소한 일에 불과하다. 그러나 맑은 아침이 주는 여유 속에서 하루를 계획하는 일은 결코 사소한 일이 아니다. 우리의 인생을 바꾸어 놓는 기적은 이런 사소함 속에서 반복된다.

지인 중에 노성국 씨는 매일 아침 5시에 일어나 산책을 하며 하루를 시작한다.

노 씨는 예전엔 11시 이전에 잠자리에 들 때면 밤 시간이 너무나 아까웠다고 한다. 그래서 친구에게 전화로 수다를 떨거나 웹서핑을 하다가 새벽 3시쯤에 잠자리에 들었다. 하지만 깨어 있어 봐야 무의미하게 시간을 보낼 뿐이었다. 그 다음날 억지로 일어나 출근 시간 5분 전에 회사에 도착했기 때문에 오전 내내 컨디션이 좋지 않았다.

그러다가 아침형 생활을 하는 직장 동료의 말을 듣고 참여하게 된 것이다.

"요즘은 독서를 하는데 주로 가벼운 수필집 등을 읽으며 잠들어요. 일찍 잠드니까 자연스럽게 일찍 눈이 떠지고 집중력도 높아진 것 같아요."

노 씨는 다른 사람이 잠에 취해 있을 시간에 먼저 일어나, 향기로운 커피를 마시며 아이디어를 떠올린다. 사실 밤에 떠오르는 아이디어보다 이른 아침에 떠오르는 아이디어가 더 현실적이다. 또한 중요한 결단은 밤에 하는 것보다 아침에 하는 것이 더 현명하다. 밤은 사람을 감성에 빠지게 하지만, 아침은 이성이 살아나는 시간이기 때문이다.

직장에서 능력을 인정받는 사람들 대부분은 '아침형 생활'을 하는 부류이다.

먼저 잠자리에 들고 아침 일찍 일어나 여유롭게 아침을 맞이하는 사람들이 직장에서 훨씬 두각을 나타내는 것은 어쩌면 당연한 일인지도 모른다.

서유럽 기업 최고 경영자들은 하루 평균 6시간의 수면을 취한다고 한다. 그들은 아침 시간을 잘 활용해 지금의 자리에 오르게 되었다. 출근 시간에 쫓기지 않기 때문에 여유를 가지며 하루의 일과를 꼼꼼하게 점검할 수 있고 업무에만 몰두할 수 있다. 재물은 누구에게나 공평하게 주어지지 않지만, 신은 누구에게나 공평한 시간을 선물하였다. 시간을 어떻게 활용하느냐에 따라 성공하는 인생을 살거나 불행한 인생을 살 수도 있다. 하루를 두 배로 사는 아침형 생활은 아침을 지배하고 남보다 먼저 시작하는 것이다. 현재 성공의 반열에 오른 사람들의 '아침 깨우기' 방법을 제시한다.

1. 불안이나 위기를 느낀 그날부터 실천한다.

당장 시작하지 않고 내일로 미룬다면 이미 절반은 실패다.

2. 토요일·일요일·공휴일이라고 넘어가지 말라.

   한 번이 두 번 되고 끝내는 무너져 버린다.

3. 주변에 아침형 생활을 하는 사람을 모델로 정하라.

   존경하는 사람일수록 자극은 커진다.

4. 잠자리에 들기 전에 내일 아침에 무엇을 할 것인가를 계획하라.

   일어나고자 하는 시간의 숫자를 여러 번 그려 보라.

5. 저녁에 과식과 과음을 피하고 밤 8시 이후로는 가급적이면 아무

   것도 먹지 마라.

6. 일어나면 좋아하는 한 잔의 차와 함께 가벼운 책으로 아침 시간

   을 즐겨라.

7. 우선은 일주일만 참는다는 각오로 시작하라.

   일주일을 성공하면 좀 더 노력을 기울여 한 달을 성공하고,

   일 년을 성공할 수 있다.

8. 처음엔 거창한 계획을 세우기보다는 실천하기 쉬운 계획으로 아

   침을 시작하라.

9. 무엇이든 혼자서 시작하면 성공보다는 실패할 확률이 높다.

   가족이나 친구와 함께 하면 그 효과는 배로 나타난다.

시간은 모두에게 공평하게 주어졌지만 쓰는 사람에 따라
각각 엄청난 결과를 가져온다. 어떤 사람은 1시간을 미래를
위한 자기계발에 알차게 쓰는데 비해, 또 다른 사람은 방에서
할 일 없이 텔레비전 채널만 돌리고 있다. 밝은 미래를 생각

한다면, 단 1분 1초라도 헛되이 쓰지 않아야 한다. 오히려 자기계발이나 평소 부진한 외국어 실력, 체력을 관리하기 위해서 운동 등 생산적인 활동을 해야 한다. 결국 미래는 준비된 사람이 주인이 된다.

10장

자신만의 블루오션 전략을 세워라

지금 어디에서나 들리는 소리는 청년 실업, 취업 대란 속에 경기는 최악의 상황에서 회복될 기미가 전혀 보이지 않는다. 많은 신용불량자가 생겨나고 있는 요즘 혈기 왕성한 청년과 대학 졸업생은 일자리가 없어 방황하고 있다.

현재 세상에 나 있는 길은 예전에 누군가가 만들어 놓은 길이다. 대부분의 사람은 안전한 그 길로만 다니려고 한다. 길은 비좁고 행인은 많으니 경쟁이 치열해질 수밖에 없다. 지금 이 시대는 블루오션 전략을 요구하고 있다. 블루오션이란, 경쟁자를 이기는 최선의 방법으로 경쟁하지 않고 경쟁자가 없는 새로운 시장을 창출해 내는 것으로 새로운 시장을 의미한다.

텔런트 김영애 씨는 '황토를 팔아서 1,000억을 번 여자'로 잘 알려져 있다. 현재는 홈쇼핑을 통한 공격적인 마케팅으로 끊임없이 시장을 개척해 나가고 있다. 황토 미용 업체 '참토원' 대주주 김영애 씨는 연기자 생활 34년의 불규칙한 생활로 인해 한때 건강이 악화되어 약물에 의존해 왔다. 하지만 그녀는 몸소 체험한 황토의 효능을 확신하면서 직접 황토 사업에 뛰어들었다.

그녀는 사업을 시작한 지 2년 만에 매출 1,000억 원을 달성하게 되었다. 뿐만 아니라 일본과 대만 홈쇼핑까지 진출해 외화 획득에 큰 기여를 하고 있다.

프랑스 최대 백화점 '쁘랭땅'이 내놓은 블루오션 전략도 눈에 띈다. 쁘랭땅 백화점 대표인 로랑스 다농은 발상의 전환으로 회사를 구해 낸 인물이다. 쁘랭땅은 백화점의 개념을 물건을 구매하는 거대 유통망이 아닌, 소비할 만한 가치가 있는 새로운 공간으로 과감하게 구조 개혁을 단행했다. 그녀는 2층으로 구성된 세계 최대의 미용 매장과 새로운 소비자인 남성을 위한 최대의 제화 매장을 신설했다. 또한 고객을 위한 맞춤형 구매 서비스를 시작해 위기에 빠진 백화점을 가장 경쟁력 있는 백화점으로 재탄생시킬 수 있었다.

중국의 토착 종교인 '도교'의 경전에 이런 말이 있다.

"남이 하지 않는 것을 해야 성공한다. 남이 생각하지 못한 것을 당장 먼저 하라. 당신이 원하는 것이 무엇인지 확실히 알아라. 확실히 알면 알수록, 그것을 얻어낼 가능성이 그만큼 커지기 때문이다. 절반의 성공 그것은 여유의 미학이다. 하늘의 해는 잴 수도 없을 만큼 풍부하다. 무상한 세계의 중심에 최고의 성공이 있다."

다른 사람이 생각하지 않는 일은 성공할 수 있는 가능성이 커진다. 비록 처음에는 뼈를 깎는 고통이 따를 것이지만 어느 정도 궤도에 오르면 성공을 향한 질주는 복리 효과로 가속도가 붙게 된다. 그래서 성공을 이룬 사람은 하나 같이 "남이 하지 않는 틈새 시장을 개척하라"고 강조한다.

세상은 새로운 길을 개척해 가는 사람의 것이다. 이미 만들어 놓은 길을 과감하게 벗어나 힘들고 외롭지만 자신만이 잘 할 수 있는 길을 개척해 보자. 그러나 패기만으로 성공을 장담할 수는 없다. 새로운 길을 가는데 필요한 지혜와 풍부한 경험이 갖춰져야 한다.

그동안 주변에서 성공한 사람보다 실패한 사람을 많이 보았다. 이는 그 일에 맞는 지혜와 경험과 계획이 부족하기 때문이다. 또한 한 가지 일을 시작한 후 끝까지 해보지 않고 쉽게 포기하는 습관도 실패의 이유로 꼽을 수 있다.

몇 해 전 박종우 씨는 대학 시절부터 한 우물을 파기 위해

특권을 내던졌던 사람이다. 그가 꿈꾸는 미래의 자신의 모습은 국내 제일의 홍보 전문가이다. 그는 광고 홍보학을 전공하면서 익힌 지식과 뜨거운 열정으로 최고가 되겠다고 자신과 약속했다.

"대학교 강의는 제가 원하는 홍보보다는 광고에 중점을 두는 편이었어요. 그래서 어쩔 수 없이 홍보에 대한 지식은 선배에게 조금씩 정보를 얻어가며 배웠죠."

박 씨는 일 년 후 S전자 수시 채용에 합격했다. 지금은 밤 12시 이전에 잠들어 새벽 4시에 일어나 2시간 동안 영어 공부를 하고 있다. 그가 영어 공부를 시작한 이유는 국내 최고의 홍보맨이 되기 위해서는 영어가 필수라는 생각이 들어서였다. 젊다는 것은 어떤 힘든 길이라도 헤치고 갈 수 있다는 말이다. 지금 당장 자신을 받아주는 곳이 없어 방황하는 사람들, 배운 학력이 낮아 절망에 빠진 사람들…. 그런 이들은 진주 같은 젊음의 가치를 모르고 있다. 아직 젊기에 당당하게 자신의 길을 개척할 에너지가 있다는 것을 다시 상기하기 바란다. 스티븐 K. 스코트는 이렇게 말했다.

"한 마리의 개미가 한 알의 보리를 물고 담벼락을 오르다가 예순아홉 번을 떨어지더니, 마침내 일흔 번째 목적을 달성하는 것을 보고 용기를 회복하여 드디어 적과 싸워 이긴 옛날의 영웅 이야기가 있는데, 동서고금에 걸쳐서 변치 않는 성공의 비결이다."

미국의 대표적인 마케팅 그룹 아메리칸 텔레캐스트의 CEO 스티븐 스콧은 사실 아홉 번 실직을 당했던 전력이 있다. 그는 대학 졸업 후 6년 동안 많지 않는 월급을 받으면서도 해고를 당하거나 사표를 내면서 무려 아홉 번이나 회사를 옮겨 다녔다.

하지만 현재는 포춘 500대 기업의 CEO 중 여덟 번째로 부유한 억만장자가 되었다. 아주 평범한 사람에서 갑부의 기업을 만든 놀라운 경험 때문에 그가 쓴 두 권의 저서와 아홉 개의 비디오는 미국에서 베스트셀러가 되었다.

"양손을 주머니에 넣고서는 성공의 사다리를 오를 수가 없다"는 엘마 윌러의 말처럼 성공을 위해서는 블루오션을 적절히 활용할 수 있어야 한다. 그리고 자신이 계획하고 있는 일에 사다리를 오르듯 최선을 다한다면 이미 성공은 예약된 것이나 다름없다.

11장

지피지기
백전불태

요즘 인터넷을 이용하지 않는 사람은 거의 없다. 우리가 하루에도 자주 이용하는 인터넷에는 수많은 사이트가 있다. 하지만 그 중에서 취업 준비생에게 취업 관련 사이트는 필수 서핑 코스이다. 해당 기업의 채용 정보를 가장 정확하고 빠르게 접할 수 있는 곳이 인터넷이기 때문이다. 기업은 시간과 공간의 제약이 없는 인터넷에 필요한 인재 채용 공고를 올린다. 그리고 취업생으로부터 이력서와 해당 서류를 받아 필요한 인력을 그때마다 수시로 채용하는 경우가 많다. 신뢰할 만한 정부 관련 기관과 취업 사이트 몇 가지를 선정해 컴퓨터 '즐겨찾기'에 등록해 놓으면 많은 도움이 될 것이다. 무엇보다 중요한 것은 이런 취업 사이트에 들어가 수시로 체크해야 한다는 것이다.

취업 포털 사이트는 검색 도구를 이용해 자신이 원하는 채용 공고만을 선별해 볼 수 있다. 그리고 구인 기업을 직무, 직위, 연봉, 업종, 회사 규모 등 다양한 조건으로 찾아볼 수도 있다. 언론에 따르면 취업 사이트 인크루트(www.incruit.com)의 인재 데이터베이스에는 62만 장의 이력서가 쌓여 있다고 한다. 또한 잡코리아(www.jobkorea.co.kr)에는 16만여 개의 기업이 구인 등록을 했고, 역시 58만여 장이 넘는 이력서가 있다고 한다.

이 숫자는 얼마나 많은 사람들이 이런 취업 사이트를 이용하고 있는지 한눈에 알 수 있다. 여러 취업 사이트는 정보 제공은 물론 이력서 등록, 인성 검사, 직무능력 검사, 취업 관련 각종 서비스를 종합적으로 제공해 주고 있다. 그리고 국문, 영문, 일문 등 3개 국어로 이력서를 작성할 수 있는 서비스도 제공하고 있어 잘 활용하는 것이 취업의 지름길이기도 하다. 자신이 취업 사이트에 등록한 이력서는 추가 사항이 생길 때마다 바로 업데이트 해주어야 한다.

"취업 사이트나 취업 가이드북을 보며 기업을 연구하고 모집 정보를 파악하는 것이 중요합니다."

대기업의 인사 담당자의 말대로, 요즘은 대기업에는 대규모 공채가 줄어들고 상시 채용이 일반화되어 있다. 따라서 기업이 광고를 하지 않는 추세라는 것을 잊지 말아야 한다.

아무리 좋은 도구가 있다 하더라도 활용하는 방법을 제대로 알지 못한다면 무용지물이다. 따라서 취업 사이트를 100퍼센트 활용하는 방법을 소개한다.

1. 일단 맞춤기능을 이용하라.

하루에 평균 7만 건씩 등록되는 엄청난 구인 광고 중에서 나에게 맞는 알짜 정보만을 걸러내기란 쉽지 않다. 하지만 '맞춤 구인 광고 설정' 기능을 이용해 자신이 원하는 직종과 지역, 경력, 학력, 성별 등의 조건을 설정해 놓으면 자신에게 맞는 구인 광고만 골라볼 수 있다.

2. 필요한 정보만 취하라.

온라인 채용이 보편화되면서 취업 성공의 관건은 정보력에 달려 있다고 해도 과언이 아니다. 수많은 취업 정보를 장시간 서핑할 때 필요로 하는 정보만을 선별하는 것이 중요하다. 이 때 구인 정보 스크랩과 북마크 기능을 이용하면 많은 도움이 된다.

3. 적성을 알아보라.

대부분의 인터넷 취업 정보 업체는 적성 검사 서비스를 제

공하고 있다. 인성·적성검사 진단 서비스를 활용하면 적성
에 맞는 직업군에 대해 자세히 알 수 있다. 개인 능력과 고용
동향, 기업 채용 심사 기준을 바탕으로 개인 취업에 관한 희
망사항을 입력하면 취업 가능성, 면접·서류 심사 경쟁력, 직
무 수행 능력, 직무 태도, 적성 등 5개 분야별로 수치화해 진
단해 준다. 이는 구직자가 취업 전략을 세우는 데 큰 도움이
된다.

4. 상대방을 파악하라.

어떤 기업이 자신의 이력서를 열람해 봤는지 알 수 있도록
해주는 '이력서 열람 확인 서비스'도 매우 유용하다. 이력서
를 열람한 기업을 확인할 수 있어 구직자는 원하는 기업에 능
동적으로 지원한다거나 사후 취업 정보로 활용할 수 있기 때
문이다.

5. 원하는 기업에만 이력서를 공개하라.

구인 공고를 낸 일부 기업은 모집 공고와 달리 직종이나 채
용 조건 등을 수시로 변경하기도 한다. 이를 막기 위해서 취
업 사이트에서 제공하는 '이력서 열람 제한' 서비스 등을 이
용하면 기업이 자신의 이력서 열람을 금지하도록 하는 설정
이 가능하다.

6. 멀티 검색엔진을 활용하라.

기존에 구직자는 자신에게 적합한 정보를 찾기 위해 수많은 채용 사이트를 찾아다녀야 하는 불편함이 있었다. 하지만 이제는 한 곳에서 근무 지역과 업종·직종별로 자신에게 적합한 채용 공고와 취업 뉴스를 찾을 수 있다.

멀티 검색엔진은 국내뿐만 아니라 주요 나라의 미국, 인도네시아, 일본, 중국, 중남미 등 외국 채용 정보도 검색 가능하다. 핫잡스(www.hotjobs.com)나 몬스터닷컴(www.monster.com)도 채용 정보를 나라별·지역별로 자동으로 분류해 제공하고 있다.

7. 모바일 채용 서비스를 활용하라.

휴대전화, 개인 휴대 단말기(PDA) 등 '모바일 채용 서비스'를 활용하면 장소에 구애받지 않고 실시간으로 맞춤 채용 정보를 제공받을 수 있다. 언제 어디서나 원하는 기업에 모바일을 통해 이력서를 전송하거나 업체 측의 스카우트 제의를 받을 수도 있다.

8. 뉴스레터를 신청하라.

중요한 정보를 놓치지 않기 위해서는 취업 사이트에 뉴스레터 메일링 리스트를 등록해 두는 것이 좋다. 주 1회씩 발송되는 뉴스레터는 취업에 유용한 정보들을 빠짐없이 모니터

링 할 수 있을 뿐만 아니라 취업과 관련한 내용의 전반적인 흐름을 이해하는 데 큰 도움이 된다.

9. 온라인 취업 메신저와 툴바를 적극 사용하라.

온라인 취업 메신저나 툴바를 이용할 경우 취업 포털 웹사이트에 직접 방문하지 않고도 손쉽게 취업 사이트가 제공하는 서비스를 받을 수 있다. 취업 메신저는 구인·구직자 모두 메신저 창을 통해 직종별 채용 및 인재 정보를 조건별로 수시로 맞춤 검색할 수 있다.

온라인 채팅 창을 통해 즉석 일대일 면접을 실시할 수 있고, 스케줄링 기능으로 원하는 시간마다 신속하게 채용 정보와 인재 정보가 업데이트 된다.

툴바Tool Bar 역시 홈페이지로 이동하지 않고도 웹브라우저에서 '업종·직종별 채용 정보 검색', '키워드 검색·저장 기능', '인재 검색', '아르바이트 검색', '취업 커뮤니티', '취업 뉴스' 등을 실시간으로 파악할 수 있는 장점이 있다.

10. 커뮤니티를 활용하라.

취업 사이트뿐만 아니라 해당 업종·직종과 관련된 포털 동호회 검색 서비스도 주목할 필요가 있다. 업종·직종별 관련 구직자 의견이 다양하게 게시되어 있어 특정 기업에 대한 정보는 물론 이력서 및 자기소개서 작성법, 구체적인 면접 경험담 등을 얻을 수 있다. 또한 취업에 관한 고민도 함께 할 수 있어 일석이조이다.

11. 취업 경쟁률을 파악하라.

온라인을 통해 이력서를 제출한 구직자가 해당 기업에 학력, 경력, 희망 연봉별 지원자의 통계를 실시간으로 확인해 볼 수 있다. 자신이 지원한 회사에 어떤 인재들이 지원했는지, 경쟁률은 어떠한지를 알아볼 수 있다. 업종·직종별 취업 경쟁률과 학력별 구인구직 분포도를 통해 실시간 채용 수요와 구직 동향을 확인하는 것도 효과적인 구직 활동 방법 중 하나이다. 열람한 기업에 보다 적극적으로 지원하거나 현재 자신의 위치를 객관적으로 파악하는데 도움이 된다.

12. 목표 기업의 정보를 사전에 파악하라.

지원하는 회사에 대해 궁금한 점이 있을 때 활용하면 좋은 서비스가 바로 기업 정보 검색 서비스이다. 사업 내용, 설립 연도 등 기본적인 기업 정보 외에 기업 신용 정보까지 추가로 제공해 면접을 앞둔 구직자는 필수로 확인해 보는 것이 좋다.

13. 취업 전문가에게 조언을 구하라.

원하는 직종에 대해 정확히 모르거나 급여, 비전 등 직종별 궁금한 사항이 있을 때는 전문가에게 상담을 요청하는 것도 좋은 방법이다.

취업 포털 사이트에서 운영하는 전문가 상담 코너에는 각 분야 전문가들이 직접 무료로 상담을 해주기 때문에 진로 결정, 경력 관리, 구직 활동, 직장 생활 등의 과정에서 발생하는 궁금증을 알아볼 수 있다.

『손자병법』모공 편에 '지피지기백전불태知彼知己百戰不殆'라는 말이 있다. 적과 아군의 실정을 잘 비교 검토한 후 승산이 있을 때 싸운다면, 백 번을 싸워도 결코 위태롭지 않다는 뜻이다. 자신과 지원하고자 하는 기업에 대해 자세히 알고 있다면 취업의 좁은 문은 활짝 열릴 것이다.

내 꿈의 목록 적어보기

꿈을 기록하는 것이 나의 목표였던 적은 없다. 꿈을 실현하는 것이 나의 목표이다. - 만 레이

비장의 무기가 아직 나의 손에 있다. 그것은 '희망'이다. - 나폴레옹